学校知を組みかえる

新しい“学び”のための授業をめざして

今　野　喜　清

［編著］

学　文　社

まえがき

これまで学校は、人間的諸能力の基礎的部分としての認識能力（かしこさ）を発達させること、すなわち文化遺産（学問・科学・芸術など）の伝達と再創造を主要な任務としてきた。しかし現在、この教育機能と役割を支える学校知（知育）は、子どもたちの主体的な学びと生きる力の獲得にとって多くの問題点をかかえていることが指摘されている。

ひとつは、子どもたちのさまざまな学習上の閉塞化現象である。すなわち、学習意欲の減退化傾向であり、学びからの〝逃走〟である。原因は複雑多様であるが、ひとつの原因に学習内容の中核である知識体系の抽象化・形式化や、子どもの青年たちの文化と学校知との乖離などの問題があることは疑いえない。

もうひとつは、現在「生きる力」と「ゆとり教育」を指標とする教育改革をめぐって論議されている「学力低下」問題である。この問題についても多面的観点からの考察が必要である。しかし今日の学校知がもつ制度的画一化や権威性が子どもたちの主体的な学びにとって疎外的・抑圧的条件となっていること、あるいは「受験学力」に収斂された内容知の獲得競争が知力の脆弱化（生きて働かない学力）の起因となっていることは疑いえない事実である。

いずれにしても私たちは、学びの主体形成のための新たな学校文化と知の創造に向けて、今日の学校知を根底から見直し再編しなければならない。

そこで本書では、子どもたちの学びの閉塞化情況の実態分析をふまえて、学びの主体形成のための新たな学校知の再編構想を理論的・実践的に提示することにした。そこでは、フェミニズムや身体論、あるいは福祉教育・看護教育・平和教育・「いのち」問題など、さまざまな観点からする教材開発と授業展開が具体的に論述されている。学校週五日制の完全実施に向けての教育改革がスタートした。教育課題が当面する現実はいよいよ厳しく、改革の方途は相変わらず不透明である。だからといって、座して指示待ちしているわけにはいかない。私たちが当面している現実的課題は待ったなしなのだから。

課題に取り組む姿勢は、〝視野は広く、実践は着実に〟（Think Globally, Act Locally）とありたい。自らよしとすることを、小さいことでもよい、自信をもって着実に、実践への歩みを進めることにしよう。

本書がそうした歩みを一歩でも進める礎石となるなら、著者たちの望外の喜びとなろう。御批判・御叱声を頂きたい。

なお、本書は早稲田大学教育総合研究所の叢書として発刊された。大学より出版助成を受けたことに心からの感謝の意を表したい。

また、本書の出版を快諾された学文社、三原多津夫氏および中谷太爾氏に、心からの御礼を申し述べたい。

二〇〇二年三月

編　者

学校知を組みかえる＊目　次

さし絵　共同製作「未来へ」より
横浜市立藤が丘小学校六年〈安達　昇・門野幸子・御代田麻紀・村田　隆〉指導　一九九五年

第一章　新しい知の創造をめざす教育

第一節　学校知の転換とは何か

1　〝学び〟の閉塞化をひらく

学ぶ楽しさ、生きる喜びを！

子どもは無限の可能性をもつ。美しい言葉だ。確かに、ヒトがもつ〝潜在的可能性〟は、アヴェロンの野生児や狼少女の例を見るまでもなく、「よくぞ狼になった」と驚かれるほどの発達の可能性をもつ。だが、驚いてばかりもおれない。なぜなら、子どもがもつ〝可能性〟はひとりで（自然的）に発達するものではなく、狼少女は狼の世界で育てられることによって、〝生きる力〟を獲得したのだ。

そこでまた、こういわれる。教育は人間らしい人間を育てるのだと。すなわち、教育とは、ヒトを人間として自立させること、つまり、ヒトがもつ潜在的可能性への働きかけを通して、子どもたちが自ら主体的に自立を獲得させる目的的・価値的営みである、と。

だから、人間教育の先駆的主張者であったルソー（Rousseau, J. J.）もこう言う。「人間として生きること、それが私の生徒に教えたいと思っている仕事だ」と。この主張のうちにはもちろん、人間が人間になるためには、そのような人間になる〝力の糧〟の共同の蓄積（文化遺産）が前提とされていること、そしてそれらの文化遺産を獲得し内在化さすことによって、〝人間らしさ〟（人間性）を発現さすこと、が含意されていることはいうまでもない。

そこで学校は、人間的能力の基礎的部分としての認識（知的）能力を発達させること（陶冶）を主要な任務としてきた。子どもたちを〝かしこくする〟という学校の任務は、いかに学校を〝人間化〟するかが叫ばれようとも、そのことと矛盾することでもないし、また不易のものとして位置づけられていくことであろう。知性を欠いた人間性などはないのだから。

また、これまで学校は、子どものもって生まれた潜在的可能性をひとしく伸長させ、将来の生活に向けて自らの学習の基礎となる能力を育てることを志向してきた。つまり学校は、日常生活に直接に役に立つ能力を身につけるのではなく、将来の生活力（生きる力）の基礎的構成要素としての〝学力〟を身につける場なのだ。このことは別に問題はない。だから問題は、学校は子どもたちの主体的な〝学び〟の場となっているかどうか、学校で身につけた子どもたちの学力は将来の生活力に真実役に立つのだろうか、という点にある。

こうして今、学校はこう問われている。学校は、子どもたちをして真実に、生きる力を身につけさせているか、学ぶことの楽しさや、生きることの喜びや充実感を与えているかと。

いま、子どもにとって〝学び〟とは

今日のわが国の「学校知」（学校文化）がかかえる問題点は複雑かつ多様であるが、端的に問題の所在を指摘するならば、今日の〝受験学力〟（そしてそれを支える学校文化）と、子どもたちの〝日常知〟（あるいは生きる力としての生活知）との乖離の問題に焦点化できる。すなわち、学校は将来の生活に間接的な有用性（非日常性）を強調したあまりに、現実生活の課題や事物そのものとの直接的なかかわりを通して学習することよりも、それらから抽出された形式的知識や記号についての記憶と操作能力を身につけることを重視してきた。そしてこのことのひとつの帰結が、知識あれども創造性に欠ける、現実に切り込む深い学力がない、〝できる〟が〝わかっていない〟な

どと指摘されるような学力の〝モノ離れ〟と抽象化の問題である。

〝モノ離れ〟や創造的思考力の欠如など、一元的基準と尺度によって測定される偏差値的受験学力がもつ病弊については、すでに言いつくされたことに属する。しかし、さまざまな治療策にもかかわらず、その病状は深刻の度を加えているように思える。事例はいくらでもあげられよう。

たとえば、学力問題論議の際によく取り上げられる「国際教育到達度評価学会」（ＩＥＡ）による「国際数学・理科教育調査」の診断。本調査は、数学（一九六四、八一、九五年＝第二段階は一九九九年）・理科（一九七〇、八三、九五年＝第一段階は九九年）とも三回実施されているが、このうち中学二年生を対象とする調査をまとめてみると、**表1**

表 1　中学 2 年生の理科の国際学力比較

第 1 回 1970 年（昭和 45 年）	
国／地域（18）	平均総得点
日本	**34.2%**
ハンガリー	29.1
オーストラリア	24.6
ニュージーランド	24.2
西ドイツ	23.7
スウェーデン	21.7
アメリカ合衆国	21.6
スコットランド	21.4
イギリス	21.3
ベルギー（フラマン語圏）	21.2
フィンランド	20.5
イタリア	18.5
オランダ	17.8
タイ	15.6
ベルギー（フランス語圏）	15.4
チリ	9.2

第 2 回 1983 年（昭和 58 年）	
国／地域（26）	平均正答率
ハンガリー	72.2%
日本	**67.3**
オランダ	65.8
カナダ（英語）	61.9
イスラエル	61.9
フィンランド	61.7
スウェーデン（8 学年）	61.4
ポーランド	60.4
カナダ（仏語）	60.2
韓国	60.2
ノルウェー	59.8
イタリア（9 学年）	59.6
オーストラリア	59.5
中国	58.7
スウェーデン（7 学年）	57.7
イギリス	55.8

第 3 回　TIMSS 1995 年（平成 7 年）	
国／地域（41）	平均得点
シンガポール	607点
チェコ	574
日本	**571**
韓国	565
ブルガリア	565
オランダ	560
スロベニア	560
オーストリア	558
ハンガリー	554
イギリス	552
ベルギー（フラマン語圏）	550
オーストリア	545
スロバキア	544
ロシア	538
アイルランド	538
スウェーデン	535
アメリカ合衆国	534

第 3 回　TIMSS-R 1999 年（平成 11 年）	
国／地域（38）	平均得点
台湾	569点
シンガポール	568
ハンガリー	552
日本	**550**
韓国	549
オランダ	545
オーストラリア	540
チェコ	539
イギリス	538
フィンランド	535
スロバキア	535
ベルギー（フラマン語圏）	535
スロベニア	533
カナダ	533
香港	530
ロシア	529
ブルガリア	518

のようになる[1]。

右表のデータが示すように、中学生たちの学力水準は世界でもトップのレベルにあるといえよう。だが一方、同調査は数学の〝勉強は世界一嫌い〟である、という事実をも示すのである。すなわち、同調査では「文章題を解くこと」など四種類の学習活動を示し、それらについての「好き・嫌い」の程度を五段階で尋ねたところ、「大好き」または「好き」と答えた日本の中学生は、二五％で参加一八カ国中最低であった（国際平均は四二％）。おなじく、数学の勉強について「不安がなく楽しい」と感じている中学生は二二％、高校生についても三二％（平均四七％）で、いずれも最低である（第二回調査）。また数学についての自分の人生や日常生活にとっての「有用性」の調査では、日本の生徒たちは最も否定的反応を示しているのである（**表3**参照）。

以上の国際学力比較調査からみると、日本の生徒たちは、数学がよく〝できる〟が、数学の勉強は嫌いで楽しくない、と感じていることがわかる。おなじことは、他教科の勉強についてもあてはまることであろう。つまり、日本の生徒たちの学校での「勉強」は、自分たちの日常生活や生きる力にとっては〝役に立たない〟ことを、受験のために「無理に努めること」（『新潮国語辞典』）として意識されているのである。

中学生たちの〝学び〟の態様を、もうひとつの調査に見てみよう。

図1は、神奈川県藤沢市教育文化センターが昭和四〇年から五年ごとに、市立全中学校の三年生を同一質問法で

表 2　中学校 2 年生の数学の計算力の国際比較—1999年—

問　　題	日本の正答率	国際平均値
R.12 7003−4078(注：縦算)	85%	74%
R.7 4.772−1.935＝	86%	77%
L.17 $12X-10=6X+32$	85%	44%

表 3　第 3 回調査における「数学・理科と社会のつながり」に対する意識—1995 年—

項　目	数学や理科は生活で大切だ		将来、数学や科学を使う仕事がしたい	
	数学	理科	数学	理科
日　　本	71%	48%	24%	20%
国 際 平 均	92%	79%	46%	47%
日本の位置	38番目	22番目	37番目	22番目

注：日本の位置は，数学は 38 カ国，理科は 22 カ国中。

図 1　もっと，たくさん勉強したいとおもいますか。

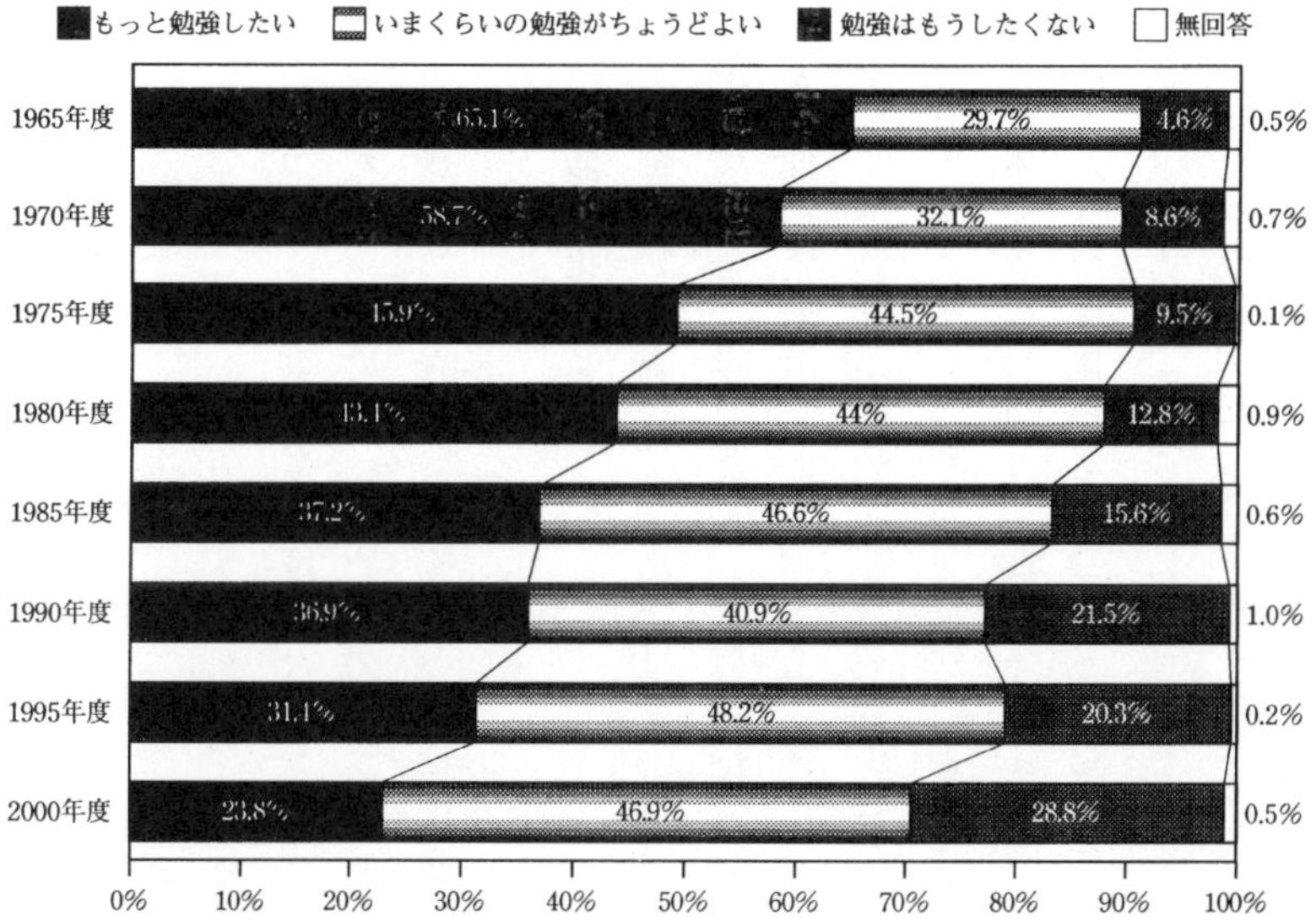

出典）　藤沢市教育文化センター『学習意識調査報告書』2001 年

図 2 「勉強にうんざり」の推移

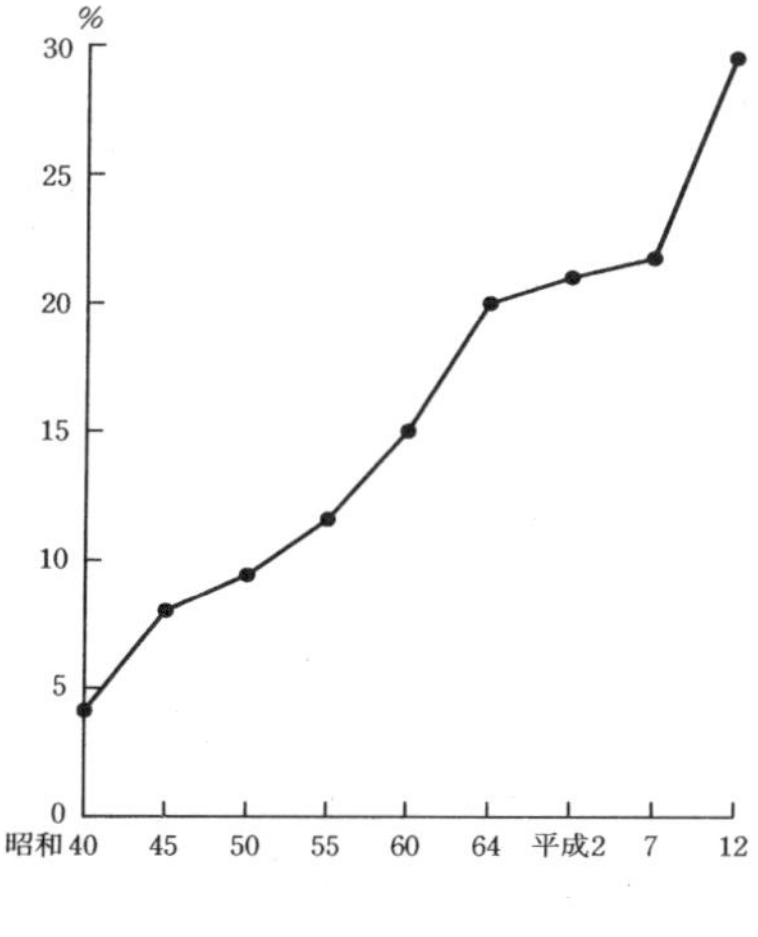

図 3　不登校生（中学生）の推移

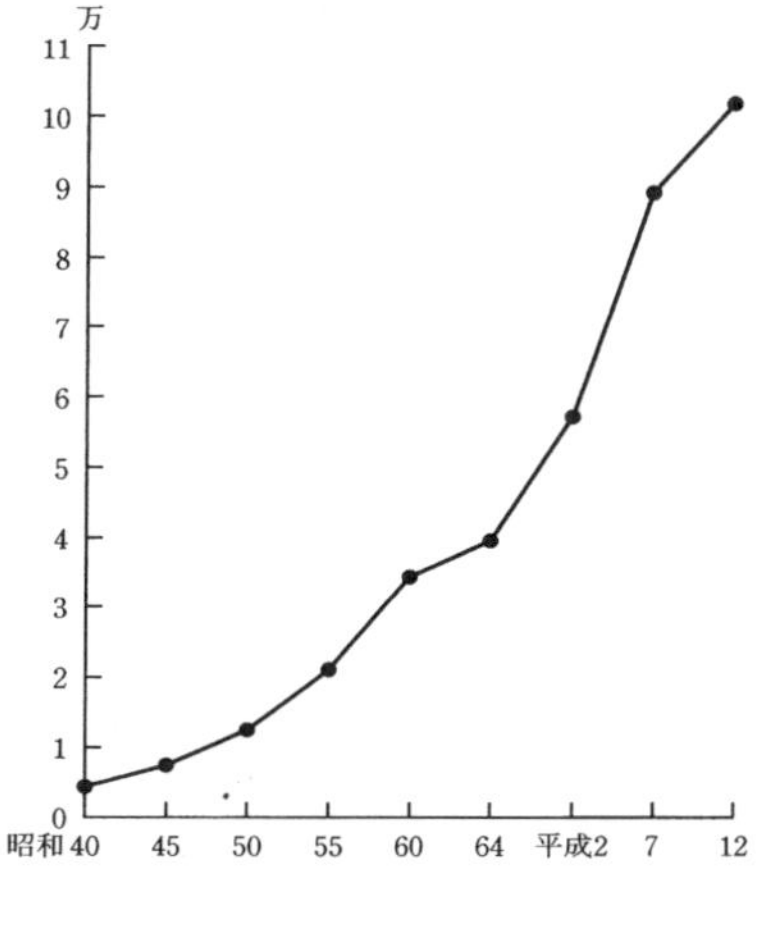

調査した『学習意識』のなかの「学習意欲」についてまとめたものである。[2] 同調査によれば、中学生の学習に対する意欲、自信、理解度、集中度のすべてが年を追って著しく低下していることがわかった。なかでも、学校での「勉強にうんざり」という生徒が、この三五年間で約五％から約三〇％強へと六倍以上に増えている。そしてこの「勉強にうんざり」は、昭和五〇年を境に急激に増加に転ずる（図2参照）。そしてこのグラフに、中学生の不登校の発生数のカーブを重ねてみるとまったく同じような傾向を示す（図3参照）。昭和五〇年といえば、高校進学率が九〇％を超えて、「高校全入」時代を迎えた時期である。こうした時期を境に、中学生たちの「学習意欲」の急激な減退や不登校数が増大するということは、何を意味するのだろうか。

〝学び〟の閉塞化をひらく

先の〝学習意識〟調査の「まとめ」は言う。

――学校の中では、学習意欲も、理解の程度も、気持ちの集中も、勉強についてゆく自信も、自宅での予習復習も、低下減少を示している。……以前に比べて、子どもたちの成績は落ちているわけではない。学習塾が繁栄し、受験技術が高度化するなかで子どもたちは、点数をとる技術は身につけているものの、『勉強にうんざり』しているのである。……生徒の興味・関心、知識欲が学校の外に向けられている現実、その意味では学校離れ現象ということも指摘できるのではないか。……問われるのは、生徒たちの夢や希望を与えられない大人社会の価値観の混乱、社会と学校文化のずれである（『平成二年度版報告書』）

以上のコメントは、「受験学力」獲得競争に焦点づけられた〝学習意欲〟の病理の本質を突いている。すなわち、平準化された能力の序列化（輪切り）のなかでの「順位」争いとという学習のなかで、子どもたちは学習すればするほど、自己自身の現実との出合い（学ぶことの動機や意義）の場が狭められ、真当な学習意欲（学習への主体的構え）を減退させていっている。つまり、彼らの学習への動機や努力を支えているものといえば、〝合格〟と〝他者との比較・競争〟という外的目的（学力の交換価値）なのだから、ひとたびその価値（合格）を手にすれば、身につけた学力は直ちに剥落さしてしまう性格のものとなっている。したがってまた、〝ワガモノ〟としての学力（本来的価値）についての不安・不信は消えることはない。

「偏差値教育」を支える受験学力の病弊や学校知の画一性・硬直性などの問題については、これまで耳にタコができるほど聞いた。「新学力観」や「生きる力」を指標とする教育改革の施策も推められている。しかし、わが国の教育体制の現実は、肯定的方向を指示しているとは言えない。むしろ逆に、学校知の抑圧化や制度的画一化傾向を指摘する声も高いし、子どもたちの〝知離れ〟や学びからの〝逃走〟など、学習の閉塞化現象はよりいっそう深刻化している。

誰れしも、否定的現実からは目を逸らしたいと思う。しかし肯定的解決策はそうした現実を直視・刮目するなかからしか見い出せないことも確かなことだ。

子どもたちの〝学び〟の閉塞化をひらくための学校知の見直しと組みかえに際しては、まず第一に、以下のような事実を確かと銘記しよう。すなわち、子どもたちは、受験知がもつ〝隠された〟絶対的差異（偏差値的評価基準）を内在さす教育システムに呪縛され、途方に暮れながらも必死に、それぞれ〝自分の居場所〟を探し求めようとしていること、そしてまた、合理性や効率性などに依拠する知的規準の学校内外への浸透が、個人も学習集団も均質化させて他者との結びつきとつながりを切断し（いわゆる〝透明〟化現象）、そこから生じる子どもたちの「存在」の悲しさ・稀薄さ（孤絶化）について看取する必要があろう。

2　〝学び〟の主体形成をめざす

〝学びとしてのカリキュラム〟観に立つ

子どもたちは学校内外で、とりわけ学びの場（学校集団＝授業）のなかで自分の〝居場所〟と世界の全体像が見えないでいる。こうした子どもの学びの閉塞性を解きひらくためにはまず、子どもの学習権を確認し「読み・書く、質問し、分析する、想像し、創造する、自分自身の世界を読みとり、歴史をつづる、教育の手だてを得る、個人および集団の力量を発達させる」（ユネスコ『学習権宣言』一九八五年）ことをめざさなければならない。

私たちの教育活動は、学習主体としての子どもを現実世界や与えられた知識から解放し、子ども一人ひとりが自ら〝自分の世界〟を創造するような学習を保障し援助することを意味する。そして子どもたちは、学習の対象的世界がもつ〝しくみ〟や構造を対象化してその意味を知ること、つまり対象的〝世界にひらかれた〟人間にならなければならない。そしてさらに、対象的世界（学習課題・内容）との不断の格闘を通じて、自らの世界を発見し、自らの〝生き方〟や主体性を確立することが期待される。

こうした学校を子どもたちの主体的な〝学び〟の共同の場として再編し、そこで子どもたちが主体的に〝自分の世界〟の発見と創造をめざす教育計画を〝学びとしてのカリキュラム〟と呼ぶ。すなわち、これまでの定型的知識（内容知）の習得過程としての授業観やカリキュラム観を転換し、学習主体としての子どもを〝這い廻る〟皮相的日常経験世界や、ただ〝与えられた知識〟の抽象的・形式的世界から解放し、子ども一人ひとりが〝自分の世界〟を発見することをめざす。そしてさらに、与えられた知識や既成概念を自分なりの考え方・感じ方（方法知）で問い直し、知識や現実を問い（意味理解）、日常的生活世界における自己自身をも問い（自己認識）続けることによって、自分独自の内的文化（個性）を創る（自分知の獲得）という〝自分探し〟と〝自分つくり〟として学び続ける過程（＝生きる力の獲得過程）としてのカリキュラム観に立つことにしよう。

〝つながり〟合う学びを創る

子どもたちが自分の居場所がわからなかったり、世界の全体像が見えないということは、他者（モノ・ヒト・コト）との〝つながり〟から切り離されて〝孤立〟しているということである。学びが現実とのかかわりの切実さに欠けているということである。だからこそ一層、私たちはこんな努力をする。すなわち、子どもたちが自分の体全体（五感のすべて）で主体的に現実に迫り、その対象的世界からの抵抗や拒否を受けつつも、どこまでも相互的交渉を積み重ねていくような学習課題内容を創造したいと。そのことはたんに、モノ・ヒト・コト（実在）と直接的かかわりや体験を与えればよい、ということではない。そうではなくて、学習対象との相互的交渉を通じて、理解（認識）と〝観〟（モノの見方）を統一的に〝体得〟することを意味する。

これまでいくたびも、授業（教科学習）で習得された知が、多くの場合、断片的な知識の集積に終始し、そこで獲得される学力は与えられた枠組のなかでの数式・記号や文字を操作するだけの能力にすぎず、現実的課題や事象に対する子ども一人ひとりのモノの見方や構え（意欲）を育んでいく力となりえていない、ことが指摘されてきた。こうした知の形式化・抽象化を克服するためには、子どもたちは学ぶべき対象（実在）に体全体（生身）で能動的に取り組む必要がある。事物を事物として体全体で知ること、あるいは事物とのかかわりでモノを作り出すことなどは〝モノ離れ〟やコピー文化の抽象性や形式性にリアリティを付与するだけでなく、人間の実存的・文化的自立（＝個性的な教養を身につけること）の基盤づくりのための営みですらある。

3 学習観を転換する

社会的・文化的実践としての学習観に立つ

わが国の教育システムが画一的とか、知識注入主義とかの批判を受けるのは、制度化・定型化された記号的知識や情報が子どもの〝記憶チャンネル〟のなかに一方的に伝達されていること、つまり知識・情報のインプットとアウトプットが一組になって（結果としての知識のみ）詰め込まれ、入力から出力の間が暗箱《ブラック・ボックス》になっている点にある。

こうした学習論を支えているのが、認知科学における表象主義的立場からする「情報処理的アプローチ」である。すなわち、表象主義的認知論は知の営みを「個人の頭の中の表象の操作」としてとらえ、頭のなかにスキーマ、構造、概念などを形成したり、拡張・再構築すればよいとする学習観をとる。つまり、〝頭がよい〟ということは、そうした頭のなかでつくられた〝認識枠組〟を活用して、どんな問題にも瞬時に解答を引き出すことだと考えられてきたのである。こうした学習観が〝受験学力〟を支援してきたことはいうまでもない。

しかし最近の学習論では、認知活動は〝状況適応的〟（コンテクストのなかで生起すること）であることが知られるようになった。たとえばレイヴ[3]（Lave. J.）は、「学習は〝参加〟という枠組みで生じる過程であり、個人の頭の中でではない」と主張し、実践的共同体（典型的には徒弟制に見られる訓練や熟練）に参加する〝行為の枠組〟として定式化した。つまりレイヴの主張は、学習を定型的知識の獲得として定義したり、あるいはまた、学習にどのような認知過程や概念的構造が含まれるかを問うのではなく、どのような〝社会的かかわり合い〟や〝文脈〟をもつ社会的・文化的実践過程で生起するのか、を問うのである。

こうしてレイヴは、学習は対人関係である社会や文化とのかかわりのなかで行なわれること、あるいは他者の経験的知識と交渉し合う過程で〝ワガモノ〟としての知識構造をつくりあげることを強調する。つまり、文化遺産や知識の理解は社会的交わりを媒介にして、また相互の働きかけ（共同と協同）を通して深化されて社会的意味を発現させる。知識の習得もたんなる私的所有としてではなく、他者と交換し合い、確かめ合い、共感し合うことによって、よりホンモノの知力として内在化する。というのも、本来知識の価値（真理）はなに人かの私有物ではなく、本質的に人間的連帯と解放をもたらす社会的共有物なのである。こうした意味で、未知なるものを求めて〝参加・協同〟的学習集団をつくることは、学習主体としての子どもを真に人間的に自立させる基盤でもある。

内容知の獲得から方法知の習得へ

一九七四年にユネスコは、教育はまず第一に「なにをでなく、どのように考えるかを教え、分析的で批判的な能力を発達させること」をめざすべきであるとして、①課題中心的、問題提起的な教育方法、②対話・討論による学習方法、③参加と社会的活動による学習、などの教育方法改革を勧告した。また現代を代表する哲学者であり心理学者のひとりに数えられるライル[4]（Ryle, G.）も、「内容知」（Knowing That）の獲得よりも「方法知」（Knowing That）を身につけることの重要性を強調し、つぎのような見解を述べている。

——これまでの教育と学習の理論は、「あることがらを遂行する仕方を知っていることはいかなることかという問題を無視してきた。しかし日常生活においてはむしろ逆に、教育という特別な作業の場合と同様に、われわれは人びとの知識の貯蔵量に対してよりも、むしろ彼らの認識の能力に対してより多くの関心をもっており、また人びとが習得する真理そのものに対してよりも、むしろそれを得るための作業に対してより多くの関心をもっているのである。……みずから真理を見いだす能力、さらに真理を見いだした後にそれを組織的

に利用する能力こそが、はるかに重要なのである

ライルの方法知は、〝知る〟行為は探究であり、探究は「知るに至るための課題活動」であるとの考えから主張されている。そして彼の主張は「命題的理解の無謬性を主張する認識論的教義を切り捨てること」にあると言う。ここからレイヴの〝参加〟と〝社会的実践〟としての学習論に結びつく。レイヴもこう言う。「学んできたのはさまざまな行為と問題解決の諸様式なのであって、規則・ルールや表象の体系ではない。学習者が学ぶのは、実践のやり方そのものなのだ」と。そしてまた、「学習者を自らの知識の構成における能動的参加者とみなす」[5]〝構成主義的学習観〟にも結びつく。

以上のような「方法知」の強調は対象に働きかける道具としての有効性を実感し、対象を把握し変革する活動の手段としての知識学習を主張し、いわゆる〝学び方〟学習論と〝一般的な適用可能性を備えた思考様式〟としての諸学習技法の獲得と習熟を重視することになった。そして現在、学び方学習論やさまざまな知の〝技法〟が一般化している。しかし、方法知が目的的価値意識と切り離され、たんなる目的・手段の合理的連鎖のなかでの〝直線的思考〟や〝道具的手段〟としての「技術知」と解されるとするなら、それは批判の対象であった表象主義的認知論と同類のものとなろう。学び方や方法知を重視する学習観の本質は、たんなるスキルを獲得することにあるのではなく、学習のスキルを通じて新たな自己の内的世界や主体的・創造的知識を獲得することにこそあることを、確かと銘記しなければならない。

多元的知力観をとる

「内容知」の習得よりも「方法知」の学習を重視すること、日常的生活知まで含めた学力観を探ることなどは、当然ながら、認識過程における〝柔軟な思考〟に対応した多元的学習能力観をとることを要請する。

先に別瞥した表象主義的認知理論への反省もあって、情報知（内容知）の獲得においても事物・事象と記号を連合できる〝記号指示〟能力、あるいは外部情報との〝やりとり〟としての思考力や判断力、さらには頭のなかで生成した情報を外に〝表現〟する能力など、多面的能力を育成することが必要視されることになった。

たとえば、現在アメリカで最も注目されている心理学者のひとりであるガードナー[6]（Gardner, H.）は、多元的知能の領域（枠組み）をつぎのように分類している。

① 言語的知能、② 音楽的知能、③ 論理・数学的知能、④ 空間的知能、⑤ 身体・運動的知能、⑥ 自己認識知能、⑦ 対人的知能。

こうした多元的知能論をふまえて、ガニエ[7]（Gagné, R. M.）らは、①知的技能、②認知的方略、③言語情報、④運動技能、⑤態度、の「五つの学習される能力」としてまとめ、**表4**のように示している。

以上のような多元的知能論や〝学習されるべき能力〟概念をふまえて、コール[8]（Kohl, H.）は、民主的市民として要求される〝基礎学力〟をつぎのように規定している。

――言語を十全に、かつ思慮深く活用する能力
――問題を考え抜き、実験して解決する能力
――科学的・技術的思考を理解し、思考の手段を活用する能力
――想像力を活用し、個人的・集団的表現に参加し観賞する能力

表 4　5つの学習される能力の種類

能力の種類	例	機　能	実行のカテゴリー
知的技能	対象を述べるのに比喩を用いる	発展的な学習と思考の構成要素	特定の応用場面でいかに知的操作が行なわれるかを示す
認知的方略	「磁場」概念の帰納	学習と思考をしている学習者の行動を制御する	効果的に実際的問題を解く
言語情報	「水の沸とう点は，100°C」	(1)学習のための方向づけをする (2)学習の転移を助ける	情報を述べるか，もしくは伝える
運動技能	文字を書く	運動の実行をもたらす	さまざまな状況のなかで運動活動を遂行する
態度	余暇活動として音楽鑑賞を選ぶ	人の選択行為を修正する	ある種の物，人，事象に対する行為を選択する

（出典）　注7参照

——人びとが集団のなかで活動する方法を理解する能力
——生涯を通して学ぶ方法を学び、他者の養育の方法を学ぶ能力

以上のような態度や技能あるいは方法知などを重視する学力観は、当然ながら従来の学力試験で測定される認知能力は、広範な知性のごく一部分しか反映していないことが各種のデータからわかってきたこと、とりわけＩＱテストによる一元的基準で能力を評価し将来を決めてしまうのではなく、一人ひとりの潜在的可能性を最大限に引き出すこと、つまり多様な〝自己実現〟が可能な教育システムの創出を意図する教育観を背景としている。

こうした教育システムにとって必要とされる〝心の知性〟を主張して、ゴールマン[9]（Goleman, D.）は以下のように言う。すなわち、「ＥＱすなわち〝こころの知能指数〟とは何だろう？　それは知能テストで測定されるＩＱとは質の異なる頭のよさだ。自分の本当の気持ちを自覚し尊重して、心から納得できる決断を下す能力。衝動を自制し、不安や怒りのようなストレスのもとになる感情を制御する能力。目標の追求に挫折したときでも楽観を捨てず、自分自身を励ます能力。他人の気持ちを感じとる共感能力。集団のなかで調和を保ち、協力しあう社会的能力」と。

4　学校知を組みかえる

知育観をひらく

これまで学校は、人間的諸能力の基礎的部分としての認識能力（かしこさ）を発達させること、すなわち文化遺産（学問知、科学、芸術など）の伝達と再創造を主要な任務としてきた。しかし現在、この教育的機能と役割を支える学校知（＝隠れたカリキュラムを含めて）は、子どもの主体的学びと生きる力の獲得にとって多くの問題点をかかえていることが指摘されている。

すでに瞥見したように、子どもたちのさまざまな学習上の閉塞化現象のひとつの原因に、学習内容の中核をなしている知識体系の抽象化・形式化や、子ども・青年たちと学校知との乖離などの問題があることは疑いえない。私たちは、学びの主体形成のための新たな学校文化と知の創造に向けて、今日の学校知を根底から見直し再編しなければならない。

学校知を見直す際には、少なくとも、①「学校知」と「日常知」(実践知)との乖離の問題、②制度化・体制化された学校知がもつイデオロギー性や権威性の問題、③いわゆる潜在的カリキュラムがもつ教育的機能の問題、④学校知それ自体がもつ抽象性・形式性の問題などについての検討課題があげられよう。しかしここでは、「基礎学力」や「科学的知識」の習得をめぐる知性観について、若干のコメントを加えることにとどめたい。

子どもたちに「基礎的学力」を確実に身につけさせることには、誰れしも異論はない。また、誰れもが「基礎・基本」の重視を主張する。だが、そのわりには基礎学力や基礎基本の具体的内容は明らかになっていない。繰り返し論争されてきた学力論の帰結はいつも、基礎学力中の基礎的要素のひとつは「読・書・算」であるという以外のものではなかった。こうした不毛ともいうべき論争はまた、〝知識か経験か〟、あるいは〝教科学習対総合学習〟という二項対立的学力観(学習観)を内在させていたこともいうまでもない。

基礎学力を読・書・算に限定する狭隘な学力観と二項対立的学習観のいずれもが、学びの主体形成のための正当かつ豊かな知育の創造は期待できない。それはなぜか。それは正当な知性観にもとづいていないからである。

ひとつは二元論的知性観である。たとえば、日常的生活経験のなかで獲得された体験知や実践知は、たとえそれは身についた知識(知恵)として〝生きて働く〟ものであっても、それは学問知と比較すると〝知的ではない〟と評価される。つまり、知的であることは現実的世界から離れて抽象化・形式化された知識をもつこと、そうした人が知性人・教養人であり、俗に言う〝頭のよい人〟とされる。そこは以下のような学問観が介在する。「知の階級差は、その学問がどれだけ地域性を脱却しているかによってはかられることになります。（農民が）家族から教わる田畑一枚一枚にしか通じないような、一番狭い地域性と結びついたものは、『最下位』のものと見なされる」[10]。学校知変革の第一の課題はまず、こうした二元論的（というよりは差別的）学問観・知性観の呪縛を断ち切ることにあろう。

もうひとつは、学問体系や科学的知識体系のトップダウン的組織の問題である。すなわち、教科内容は子どもの実態や発達段階に即して編成されるべきだと言われながらも、未だに知識自体の権威性や階層構造に依拠して構成されていることの問題である。単純なものから複雑なものへ、あるいは易から難へという順序性も、学問からのトップ・ダウン的に分析されて組織化・体系化される。そこにも、教える者と学ぶ者、わかっている者とわかる者、あるいは〝基礎・基本対応用・発展〟などの二項対立的学習観が介在している。上から与えられた学習内容は、それがいかに整然と体系化されようとも、いやそうすればするほど、学ぶことの意欲や手ごたえ、あるいは学ぶことの意義を見出すこととの乖離を深めることになろう。

私たちは先に、学習主体としての子どもを現実世界や〝与えられた知識〟から解放し、子ども一人ひとりが自分の世界を創造するという学習観に立ち、これまでの〝カリキュラムとしての学び〟から「学びとしてのカリキュラム」へと転換することにした。すなわち、子ども一人ひとりが外から与えられたものを、自分なりの感覚と認識の方法でとらえる過程としてのカリキュラム観である。子どもたちは、与えられた知識や既成概念を自分なりの感じ方・考え方で問い直し、知識と現実との関係を問い（意味理解）、日常的生活における自己自身をも問い続けることによって、自分独自の内的世界（個性・アイデンティティ）を創造する。こうして〝学びとしてのカリキュラム〟は、学校を学習主体と他者（ヒト・モノ・コト）との〝かかわり〟の統一過程としての場と位置づける。それはまた、学校生活のあらゆる領域を通じて子どもたちが真実に、〝学ぶことの喜び、楽しさ〟を感得することを指標とすることはいうまでもない。

学習領域を設定する

これまでわが国の学校教育課程は、「陶冶」（＝認識を基礎とする知的能力の育成）と「訓育」（＝生活や集団を基礎とする人間的感性の育成）の両教育機能と役割に照応するものとして、教科課程（教科指導）と教科外課程（特別活動）の二領域編成を原則としてきた。そして理論的にも、また実践的にも、両課程の相補的関係性の統一（統一的人格形成）を求めての論争を重ねてきた。にもかかわらず、現実には両課程・領域の教育的機能の統一どころか、それぞれの、また相互の分裂と拡散（学力と人格の分裂、管理主義の授業への侵蝕、教科指導の特別活動への侵蝕、「道徳」や「総合的な学習」の時間の特設など）の状況を顕出させ、子どもたちの学びと人格上のさまざまな問題状況を生起させるほどに疲弊・空洞化しつつあるように見える。加えて、学びの場としての学校への時間的圧迫（学校週五日制）や過剰な役割負担（地域・家庭との連携、国際化・生涯学習体系への対応など）は、両領域間の物理的枠への呪縛化傾向（授業時間の奪い合い）を促進させ、かえっていっそう両者の教育機能の拡散化・希薄化を増大させている。

こうしていま、教科と教科外の両課程（領域）の教育機能・役割は、子どもたちの主体的な学びの場で統一化され、その場の時間的・空間的見直しと併わせて再構築する課題に迫られている。

そこで、既述した〝学びとしてのカリキュラム〟観にもとづいて、学校を子ど

図 4 "学び"の場としての学校——共感・共学・共生

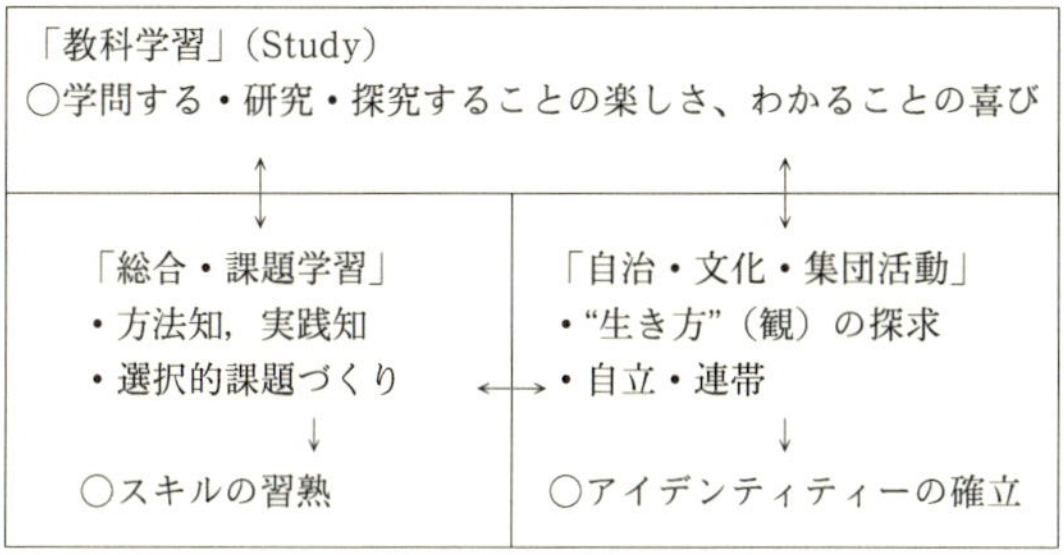

もたちの〝学びの共同〟の場としての再構築をめざして、「教科学習」「総合・課題学習」「自治・文化・集団活動」の三領域による教育課程編成を提案することにしよう（図４参照）。

これら三領域はすべて、カリキュラムの本来的意義である「学習経験の総体」とする考え方にもとづいて、〝共感・共学・共生〟をキーワードとして学校を〝学びの共同〟の場とする統一的目標をもつ。とは言ってももちろん、学校教育課程の具体的編成に際しては、それぞれの独自的目標を掲げる必要があることは言うまでもない。

教科と教科内容を改編する

(1)　教科領域の設定　教科を成立させる枠組的領域を「教科領域」と呼ぶが、本領域は学習主体（子ども）の環境的世界（人間・社会・自然）との発達的・認識論的契機として、①言語、②数・量・空間、③身体、④社会、⑤自然（科学・技術）、⑥芸術（文化価値）の六領域を設定する。

この教科領域は教科設定の論拠づける内容枠組であって、教科そのものではない。実際の教科・科目は、学習対象（自然・社会・人間（文化））の独自的論理・構造と学習主体の発達的特性・段階に即して〝統合〟と〝分化〟が図られて設定される。試案的に示せば①言語科（日本語、外国語）、②算数・数学科、③健康科（保体科）、④社会科、⑤理科（科学・技術）、⑥芸術科、の教科構成が考えられよう。

図５　教科領域・教科・科目設定関係図

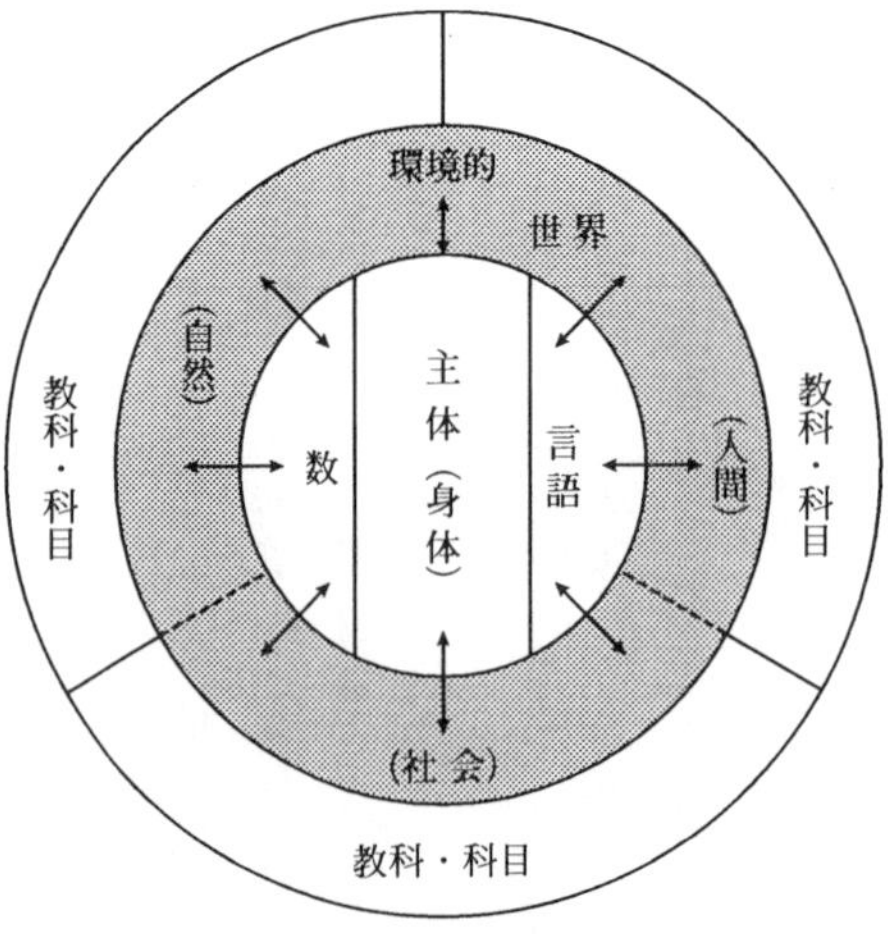

教科内容・教材を改編する

教科内容は、子どもの能力や認識と理解の発達特性に対応して、① 各教科の独自的論理や基礎的・基本的概念と価値を内在さす「教科構成知」（内容知）と、② 子どもの主体的学習活動を促進させる「探究方法知」（学び方）、との統一的構造としてスパイラル化・系統化する。

教科内容はいかなる観点で編成されたにせよ、そのままでは授業レベルでの具体的な教材や学習課題にはなりえない。教材構成に際しては特に、実在（ヒト・モノ・コト）とのかかわりを重視して、翻案することを強調しておきたい。すなわち、人と人、人とモノ・コトとの関係、あるいはモノとモノとの関係などの観点で分析し、対象世界の問題構造をリアルに解き明かすような「学習課題」として翻案すること、実在との直接的かかわり（体得）としての体験的活動を組織することを重視したい。

（今野喜清）

注

(1) 国立教育研究所『中学校の数学教育・理科教育の国際比較—第3回国際数学・理科教育調査報告書—』東洋館　一九九七年、および国立教育政策研究所『数学教育・理科教育の国際比較—第3回国際数学・理科教育調査の第2段階調査報告書—』ぎょうせい　二〇〇〇年。
(2) 藤沢市教育文化センター『学習意識調査報告書』二〇〇一年。
(3) レイヴ／ウェンガー著・佐伯胖訳『状況に埋め込まれた学習—正統的周辺参加』産業図書　一九九三年。
(4) G・ライル著、阪本百大・宮下治子・服部裕幸訳『心の概念』みすず書房　一九八七年。
(5) ウェスト／バインズ、進藤公夫監訳『認知構造と概念転換』東洋館　一九八七年。
(6) Gardner, H., Frames of Mind : *The Theory of Multiple Intelligences.* 1984 および *Multiple Intelligence ; Theory in Practice,*

1992.

(7) R・M・ガニエ／L・J・ブリックズ、持留英・持留初野共訳『カリキュラムと授業の構成』北大路書房　一九八六年。

(8) Kohl, H., *Basic Skills : A Plan for Your Child*, Brown and Co., 1982.

(9) ダニエル・ゴールマン、土屋京子訳『EQ—こころの知能指数』講談社　一九九六年　一—三頁。

(10) 内山節『子どもたちの時間—山村から教育をみる』岩波書店　一九九六年。

第二節　知識の変容を促すフェミニズム教育実践

はじめに―現代的課題としての「家族問題」

これまで日本は離婚の少ない国と語られてきた。しかし二〇〇〇年の離婚率（人口千人に対する率）が二・〇九％となった。この数字は、イギリス二・九％／スイス二・三％／オランダ二・二％／ドイツ二・一％（いずれも一九九七年度の数字）とヨーロッパ並みに近づき、アメリカ三・八％ほどではないが離婚の少ない国の数字ではなくなった。離婚後の再婚も男女ともに六割を超え、女性の再婚も男性の七割に近づきつつある。未婚の家庭数も「九三年に比べると五年間に八四％も増加し、六万九三〇〇世帯」「九九年の婚外子の出生数は一万八二八〇人、同年に生まれた子どもの一・五％」「ここ数年〇・一％くらいずっと増え、増加傾向が早まっている」（榊原富士子『子ども白書』二〇〇一）と指摘されている。これらの数字は、家族に対する個人のニーズの多様性を意味し、家族のために自分を犠牲にしないという家族の個人化の動きと、多様なライフスタイルを選択し自己決定して生きる、新たな家族模索の時代の流れをつくりだしているといえる。

八〇年代半ば以降、公的領域の学校空間に進入した「家族問題」という市民生活は、指導の困難性をかかえた「問題生徒」とセットで考えられ論じられてきている。一例を紹介しておこう。一九八五年一月号の『生活指導』誌は、「家庭崩壊にどう取り組むか」を特集。一九八四年八月号以来の「家庭崩壊のなかの子どもたち」というルポルタージュを踏まえ冒頭の巻頭論文「現代家族の現実と課題」で、竹内常一はつぎのように指摘している。

――これらの報告は、家族と家庭の問題を避けては、子どもの人間的発達を保障することができないことをわたしたちに示している。それと同時に、それらは、今日の学校と教師が、家庭と家族の危機の克服に寄与しているどころか、逆にその問題性をいっそう加重していることをも示している。いいかえれば、学校や教師の対応、子どもの学校での学業や生活が家族・家庭の矛盾をいっそう激化させているともいえる(1)

竹内が指摘する「学校と教師が、家庭や家族の危機」の「問題性をいっそう加重している」状況を、どう克服するのか。その課題性は「現代家族の現実を正確にとらえる必要」に視点が貫かれている。その正確な把握は「家族は丸ごと企業の労働力再生産要求に従属するものとなり、その下請制度」となった、その変質・変貌の具体的な姿の把握にある。それは資本主義がいかに家族を利用し、家族を変貌させてきたか、資本主義経済の市場原理の視点からの、家族変貌の「現実の正確な」把握であったといえる。その後竹内の「家族問題」をとらえる、この視点は大きく変わっていない。

私はこの竹内の家族把握は、「市場社会の側から見える範囲で、家族を資本の蓄積過程として位置づけたにとどまり、その内部構造をブラックボックス(2)」としたままであった指摘できると考える。家族の内部構造をブラックボックスにしたままで、「学校や教師が、問題性をいっそう加重している」状況克服に向けて、実践の視野・課題を提起できるであろうか。竹内論文から一五年を経た現在、学校空間に侵入した「家族問題」を前にして「学校や教師が、問題性をいっそう加重している」状況は、さらに深まり現代的課題であり続けている。その要因はどこにあるのだろうか。本節は、私自身の高校での教育実践をベースに、現代的課題としての「家族への自由」をつくる、新たな学びの教育実践の視野と課題を提起することで、知識変革をうながすフェミニズム教育実践の課題と重ねることにある。

1 「個人的なことは政治的である」の世界

「家族問題」は、公的領域の政治学のみでは把握できない。マクロとミクロの政治がクロスする〈戦場〉としての「家族問題」把握が求められているのではないだろうか。このミクロ・ポリティクスとしての、家族の内部構造、つまりブラックボックスに焦点をあてたのは、教育学ではなく、男女の「結果の平等」を求める第二波フェミニズム運動であった。上野千鶴子は、「再生産の制度」のひとつとして家族をとらえ、その内部構造をつぎのように提起した。

――この中で、人々は再生産をめぐる権利義務関係にはいり、たんなる個人ではなく、夫/妻、父/母、親/子、息子/娘になる。この役割は、規範と権威を性と世代に不均衡に配分した権力関係であり、フェミニストはこれを『家父長制』と呼ぶ(3)

フェミニズムは、家族という私的領域の内部構造をなしている「性と世代」の権力関係の政治を根源的に問うことによって、ミクロ・ポリティクスの世界、Personal is political＝「個人的なことは政治的である」という認識を成立させた。私的領域における見えるようで見えなかった人間関係に、権力関係が存在するという認識が確立したのである。一九七〇年代以降、顕在化しはじめた家族の人間関係に存在する暴力の全体像を、信田さよ子はつぎのように指摘している。

――(1)思春期の対親暴力（かっての家庭内暴力……子どもから親へ　(2)児童虐待……親から子どもへ　(3)DV（ドメスティックバイオレンス）……夫から妻へ　(4)老人虐待……子どもから老親へ、時には配偶者による　(5)同胞からの暴力……兄や姉から年下の同胞へ、時には弟から姉へ（兄弟姉妹間）(4)

この「家族問題」の状況は、九〇年代以降顕在化が進行しさらに増加傾向にある。「家族という私的な領域の中には、権力支配だけでなく、あからさまな暴力までもがそこにある」(上野千鶴子)というフェミニズムの言説が、実態として日常的に顕在化しているのである。こうした「家族問題」は、いうまでもなく「問題生徒」に限定される問題ではない。現代を生きる大人・若者・子ども『親密性の変容』(5)をともなった公と私の生活空間における、自分を生きること自体の政治になっているととらえることができる。

現代の「家族問題」の課題性を以上のように読むことができるなら、「個人的なことは政治的である」という課題に対して、どのような学びの教育実践の視野と課題を考える必要があるのだろうか。

2 争点としての「家族なるもの」への自由にむけて—教育実践の視野・課題を探る

生徒がかかえる生活事実の教材化

ホームルーム自治実践のなかに、「家族問題」がどのように登場してきたか、その一例をラフ・スケッチしながら、まず教育実践の視野・課題を探りだしてみる。

クラスのリーダー格の生徒A子が、「本音が語れるクラス」というクラス目標の一番乗りとして、クラスノートにつぎのようなことを書いてきた。

——私は中学時代は一五年間生きてきた中で〝最高〟です。一年生のときは三年生の先輩と交際して、わりと真面目に勉学に励んでいました。二年生になってからガラッと変わって、スカート長くしてみたり、タバコや酒をやりはじめて、学年の先生に呼び出されたこともありました。また、芸能人のコンサートやテレビ局まで押しかけていって、一年間それを繰り返しました。中学時代はちょっと荒れたけど、今は正直A子ちゃん

です。いろいろ経験してきたから、何かあったら相談にきて……。いつでも相談にのってあげる

私はこの生徒の〝最高〟という言葉にこだわった。A子の了解のもと、この文章をリーダー会の話題のひとつの素材として提供した。その意図は、二点であった。

ひとつは、仲間を知ることは、学校という公領域の生活のみではなく、時にはプライベートな私的領域の生活を視野に入れなければ、仲間や仲間関係を知ることにならない、ということを伝えたかった。

二つは、A子たちは、「本音が語れるクラス」という目標を掲げ、彼女自らが本音を語ったつもりになっていた。本音＝生活の事実は、そう簡単に他人に語れるものではない。人間は複雑で、奥知れないものを秘めて存在しているものである。この事実を視野のなかにいれて、なお、よりどころとなり自分の居場所となる仲間関係＝親密な人間関係をどう創っていけるのか、リーダーたちに考えさせたかった。リーダーたちは「偉いよ！　よく書いた！」「A子の経験すごいわ！」に終始した発言を繰り返していた。生徒たちの発言が一段落したのを見計らって、私はつぎのように語った。「A子さんの〝最高〟という言葉が気になるんだ。タバコすって、酒飲んで、芸能人追いかけまわして、よく自分を崩さないで高校入学を果たしたよね。立派だなあって思う。ここまではみんなと同じように感心するわよ。でも、そういうふうに自分を衝き動かさざるをえない〝最高〟に苦しかったことがあったんじゃないのかなあ……。A子はまだそれは語れないのよね」「ちょっと先生！　それ、考えすぎじゃない」「そうかなぁー。A子さんは何かから逃げたかったと思うんだ。今は語る必要ないから、語れるときがきたら語ってほしい。自分の生活の事実を語ることは、大変な勇気がいるし、重たいことだけども、それが語り合えるクラスになるといいね」私の話に眼を伏せ、いままでのように陽気にしゃべらなくなってしまったA子を見て、リーダーたちは自分たちの単純さに気づいたようであった。

後日、クラスの活動のなかで、母親が中二の春に蒸発し、父親の生活が崩れ、自分の生活も崩し、新興宗教に助

けられて生活をたてなおしてきた二年間の経過を、「自由になりたい」と親に反発して生活を崩していく仲間に語り、ともに進級するための援助活動を仲間と組織したA子であった。A子の思春期の揺れの正体は、「自由にさせてほしい」の一言を残して、家を出て行った母親の思秋期の揺れに端を発した、家族の人間関係という親密圏の崩壊が起因になっていた。思春期の揺れは、ひとりで揺れているわけではない。その生徒の実存性とリンクした人間関係の総体が揺れていると見てよいのではないだろうか。

A子の行為・行動をとおして見えてきた、何人かの生徒たちの家族関係の揺らぎに、生徒とともに付き合いながら、この生活の事実をどう教材化したらいいのか、考えあぐねていた。そのなかで生徒がかかえる生活の事実を、生徒自治の活動内容にすることなくして、生徒のものにならないことも気づかされていた。生徒のかかえる生活事実は多様である。その多様さのなかの、何を教材化して活動内容をつくっていくのか、大きな問いを自覚させられていた。生徒を学校に囲い込むのではなく、学校をよりどころとしながらも学校を超えて、「未来の世代の権利」として、時代=社会に批判的に介入していける自治と共同学習をつくっていきたい。そのためには、生徒がかかえる生活事実のなかに存在する課題を家族の現代的課題にリンクさせて、活動内容・共同学習をつくりだす必要があるように私には思えた。生徒がかかえた家族の人間関係のトラブルは、まさに現代社会の今日的課題の最たるものである。これを教材化しない手はないと判断した。

リーダー会の席上で、私は生徒たちに尋ねた。「自由になりたい、自由にさせてほしい。このことどう思う?」生徒は口々に、「わかるよね。その気持ち……」「ワガママダヨ!」「親って、うるさくって顔見るのもいやになるよね」「無責任だよ。責任ある人間になってもらいたいよ」と共感と反発が交互に噴きでた。生徒たちの発言内容は、おおむね仲間の「自由になりたい」には共感的であり、母親の「自由にさせてほしい」には手厳しかった。「子どもしていることって、しんどいことあるよね」という発言に便乗して「親も親しているの、しんどいと思っていると思うよ」という私に、発言の終わらないうちに「そんなの、勝手じゃん。自分が勝手に生んだんだもの、責任もつのあたりまえじゃん」の一撃。それで終わるものでなかった。「子どもは、親を選んで生まれてきたわけではないよ」等々。生活事実の教材化は、生徒たちの生活の本音の教材化という側面があることを、発言を聴きながら教えられたといえる。

教育実践の五つの視野・課題

生徒たちの生活経験から発せられる話を聴きながら、何度かの対話を重ねるなかで、実践の視野・課題をいくつか考えさせられていった。それを列記してみる。

① 生徒にとってもっとも身近な親が、親として、大人としてこんなにも直視されていないものか。ある感慨をもって実感させられた。それはお互いの他者性発見が希薄であることの証しのように考えられた。一人ひとりが積み上げてきた生活の匂いから醸し出される、多様で異質な他者性発見の教育内容・方法への課題として自覚化することができた。

② 「自由になりたい」に共感する生徒。「自由にさせてほしい」と家族の人間関係から逃げた母親の一言。この自由はなにからの自由なのだろうか。私はこだわらざるをえなかった。この両者の自由は、まぎれもなく家族という、親／子、夫／妻、という役割の関係に自らを型はめしすぎたゆえの、自分らしさ回復の言葉のよう思えてきた。いいかえれば、「家族なるもの」からの自由といってもいいだろう。今とりむすんでいる関係性から自由になるためには、新たな関係性＝関係変革が見えてこなければならない。そうでないと自由は願望に終わり自分のものにすることができない。しかも、この新たな関係変革は、「こうあらねばならない」という解答のない世界であり、多様な関係変革が生みだされつつある世界である。この多様な解答のない世界に向け実践を探りだすには、客観的な

近代知をベースとした科学・系統主義の教育方法・内容の自明性を疑うしか手はない、と考えるにいたった。

③　自由を自分の手にするための、解答のない世界に向けての実践の切り口をどこに求めるのか、考えあぐねた末、生徒が経験している「現実」「生活」を語らせ、生徒自ら「現実」「生活」を語ることのなかで、生徒の視点から見た「現実」「生活」を再構成していくことが重要に思われた。生徒との対話のなかで「家族問題」は、市民社会という「世間」さまの世界でもあることに気づかされた。阿部謹也が指摘するように「世間」さまの世界は『非言語系の知』の集積(6)であり、それは、生徒自らの感情と感覚と経験知を基盤に、「非言語系の知」を顕在化することを通過することなくして、自らが判断・認識主体として自己定義できる主体を確立する、新しい関係性を生みだす学びの可能性は生まれてこないように思えた。

④　この解答のない世界は、「個人的なことは政治的」の世界でもある。この世界は「個人的な領域をとおして社会的な支配が貫徹されるという意味のほかに、個体発生的な社会化のプロセスをとおしてイデオロギー支配が貫徹されるということをも意味している(7)」といわれるように、見えない身体化された政治を、自らが無自覚のうちにかかえさせられてしまっているということでもある。そのためにも、前述の実践の方向性を重要視したいと思った。自らが判断・認識主体として自己定義・自己決定の主体を確立するためには、多様性が視野のなかに入った、疑う知性・真のかしこさを身につけることである。つまり自分の生活現実を見据え、それを現代社会の問題と結びつけてとらえなおすちからを、どう獲得していくのか。この視点なくして、解答のない「個人的なことは政治的」の世界を切り拓くことはできないと思えた。このことは、一方で生徒の主体性にはたらきかけることのない伝達型の学校知の無意味さの自覚を促してくれたともいえる。

⑤　生徒を判断・認識主体として、自己定義・自己決定者としての主体性を確立させるには、豊かな自他発見がまず必要である。そして、自分さがし・新たな家族さがしをとおした多様な関係性を発見するなかでの、自前の言

葉さがしでもあることに気づかされた。そのための指導の要点は何か。指導方法に何が求められているのか、模索の実践を繰り返しているうちに、①意見表明の自由、②討論、③共間学習、であることを生徒から教えられた。

これら五つの視点・課題と、—A、生活の事実を共有する。B、自他発見を組織する。C、自己決定権の行使能力を育てる。—という、生徒自治実践の視野を授業空間に導入することで、上記の実践課題を切り拓くことができるのではないか。新たな共同学習のなかで自分を生きることができるのではないか、と実践的な見通しの輪郭が浮かんできた。

3 関係変革を生みだす指導方法とは—自分を生きる三つの指導方法

授業者である私が自分を生き、生徒も自分を生きることができる授業の関係変革にむけての取り組みの第一歩は、担当科目『商業法規』の商業をとり去り、生徒の生活とリンクし、その生活が共有できる、家族法・労働法に内容をしぼりこみ、教え—教えられるタテ関係で成り立つ、一斉授業方式を廃することからはじまった。一〇年間の実践的試行錯誤を経て、私に見えてきた関係変革の実践の要は何か、といま振り返って考えてみると、それはやはり教育実践の指導方法にあると主張したい。学習者の生活事実の文脈から選びとられた学習内容を、指導方法を抜本的に変えることによって、学習課題を生徒自らの要求で自らが設定することができるものにすることである。その指導方法の要点は、意見表明の自由を保障すること、討論を組織すること、共同学習をつくることの三点であるといえる。それは、タテの教え—教えられる者という権力関係の型はめから、自分を生きることができる新しい関係性づくりであり、相互主体性を確立する教師と生徒の関係変革の指導方法の視点ともいえる。この三点に焦点化して指導方法の視点・課題を提起してみる。

意見表明の自由を保障する

自分の学びを生きる関係変革の授業の基盤は、意見表明することの自由な空気を、授業のなかに早期につくりだすことである。意見表明の自由さのなかで、相互主体として教師も生徒もお互いを触発しつつ、自分の学びを生きることができる。一九九四年、全国高校生活指導研究全国大会で「意見表明の自由とは、対話・討論する自由であり、質問し、教師への異議申し立てをする自由でもあり、意見表明を拒否する自由をも含みもつものである。意見表明の自由のない授業では、一人ひとりの生徒の学習の側から、教師主導の伝達授業を問いかえすことなどはできない」(8)と指摘したことがある。意見表明の自由をつくりだすことは、具体的には生徒がもつ話言葉＝生活言葉のパワーを引き出すことでもある。話言葉での意見表明の自由をつくらないかぎり、仲間の生活の多様さ、多様な主張のちがいを、自分のなかに取り込むことができないように思える。「非言語系の知」の顕在化をとおした、多様さ発見のないところでは、生徒自らの共同学習をかいした自・他発見は育みえない。アメリカの憲法学者T・I・エマースンは、その著書『表現の自由』(9)のなかで、「表現の自由の権利を保証することによって社会が得ようとしている価値は、四つの大きな範疇に分類されるだろう」と、つぎの四つの価値を提示している。①個人の自己実現を保証する方法として、②真理に到達する手段として、③政治を含む社会的政策決定に社会の構成員の参加を保証する方法として、④社会における安定と変化の均衡を維持する手段としてである。

T・I・エマースンは、この四つの価値は、統一的に追求されるものとしてとらえている。教師も生徒も自分を生きることができる指導方法の土台に、私はエマースンが提示した四つの価値を、教育実践の事実に重ね、生徒の意見表明の自由を保障する教育的機能・価値として考えていきたいと思う。世界づくり・仲間づくり・自分さがし(10)を追求する、共同学習の新たな教育方法の模索の基本的視点として、意見表明の自由をエマースンの指摘する四つの価値実現に向けて最重要視されるべき課題であると考える。

討論を組織する

討論はいうまでもなく、意見表明の自由をベースとして組織できるものである。討論をとおして生徒たちは、仲間の生活・主張の多様さを感情・感覚のレベルから知ることができる。その多様さを視野のなかにおさめることで、人とちがう自分・自分とちがう仲間発見ができると同時に、自分とつながる仲間発見もできる。つまり多様な他者をとりこむことで、自己を相対化できる能力が獲得できるのである。この過程を生みだす討論を経て、はじめて自前の言葉が獲得される契機になっているように思う。自前の言葉は、自分の内と外の対話を豊かに耕していくことなくして、獲得できないのではないだろうか。そのための、指導の力点は、仲間の意見を腑分けして聴きとるちからを訓練すること。自分が語るとき、どの発言とかかわる話なのか、明示して発言すること。この二点であった。自前の言葉獲得は、生徒を判断・認識主体にすることをとおして、自己定義・自己決定権の行使ができる主体の確立をはかるための前提条件である。

いま、自分の実践を振り返り、その質を問い反省しつつ、島崎隆が『対話の哲学』のなかで、指摘している、つぎの文章に考えさせられるがゆえに、討論は指導方法として欠かすことができない視点であり、豊かにしていきたいという思いを深めている。

——思想と立場—さらに人問的雰囲気も含めて—を異にする人々（集団）との問でどれだけ有益な対話・議論ができるかが、社会の民主的成熟度の一つの基準になるといえよう……思想を主体的に構築し、それを内部から生き抜くことと、みずからの思想を相対化し、外部に突き放してみる態度とを統一すべきことを主張したのは、まさにいまの問題に関わる。これは別言すれば、体験の確立と対話的精神の統一ということであって、体験的に凝り固まった思想を対話的精神で柔軟にし、自己修正の余地を生じさせるということを意味する。好むと好まざるとに関わらず、人は多少なりともイデオローグであり、一定の傾向を保持して生きる。あらゆる思想や傾向から自由だなどという人はいない。だが、たとえそうだとしても、自己批判・自己修正の余地を自己の精神的スペースのなかに意識的に確保することが民主主義ということではないだろうか(11)

共同学習をつくる

共同学習は、生徒一人ひとりの個別の課題が仲間との協働行動をとおして共同学習化されていくことで成立する。この共同学習の主体はいうまでもなく、生徒である。共同学習の成立は、生徒と教師が相互主体となった授業の成立をも意味する。私は共同学習をつぎの三点でとらえていきたいと思っている。

① 学習空間を学習課題の多様性を視野に入れて、自己選択していける自己決定権の行使主体の場としてとらえ、オールタナティブな自前の言葉（知）獲得の主体形成をはかる協働行動＝共同学習過程としてとらえることができる。

② 共同学習は二人から成立する。その学習空間は教室空間のみをイメージしない。自己または共同の学習課題にそって学習の場は、教室を超え、学校を超えることが許されるし、学校仲間や教師以外の人びととの学習を求めていくことだってある。生徒と大人との緊張をはらんだ学習は、世代間関係をめぐる新しい共同性の探求という様相をつくりだす可能性にも開かれている。黒板と机と椅子、教室、そして教科書、この五点セットで管理しない、もっと自由で多様な協働行動＝共同学習過程をつくりだしていくものとして卒業後の学習の継続も視野に入れて考えることができる。それは、「学ぶことを学び」「学びつづけることを学ぶ」ことができた生徒たちの学びのなかの問いは、学校生活で終わるものではないからである。卒業後のさまざまな社会生活のなかに営まれている共同学習

へリンクしていく方向性を秘めた共同学習のありようを、調査・報告・対話学習に見ることができる。

③　多様な関係性を育む共同学習の関係変革の内実として、学習内容・方法・評価についても生徒の自己選択・決定権の行使を認め保障する共同学習を考えていきたい。それは自己選択・決定権の行使ができる共同学習のなかでこそ、自分の言葉による自分の物さしを育みうるからである。そうなった時、生徒は複眼的思考力を駆使して、多様な関係性を生きることができる世界づくり・仲間づくり・自分さがしができるように思える。私は意見表明の自由・討論・共同学習という指導方法そのものが、「フェイス・トゥ・フェイスの親密な人格的結合の人間関係[12]」を成立させ、それをベースに厳しい批判的意見がかわしあうことができ、その学習の成立によって生徒の世界づくり・仲間づくり・自分さがしが探求できると考える。これらの指導方法は、イデオロギーとして民主主義を育むのではなく、行為・行動という生活の身体レベルで生活事実の文化の問い直しをとおして、自己成長している自分と仲間を確かめあえる参加の民主主義を育むといってもよいのではないか、と考えている。

そして最後に再度、私の実践的実感としてなぜ方法にこだわるのか強調しておきたい。生徒の学びを育む指導内容と方法の関係は、方法が内容の質を規定するということである。一〇年間の授業づくりの模索を経て、その逆はありえないと私には考えられる。

4　共生の世界をひらく―異文化としての大人発見のなかで

夫婦別姓・事実婚・確信犯シングルとの出会い

一九九三年四月、いままで試行錯誤してきた実践から得た、以上のような視点をもとに、生身の大人の生活事実と出会い、それを共有する共同学習をはじめた。それは、少数・異質の生き方を貫く大人たちの生活の事実で構成した授業[13]であった。しかも、その生活事実はすべて新しい家族文化づくりである。生徒たちにとって未知の考えもしなかった世界であるだけに、最初に語ってくれる大人は、身近な人の方が他人事でなく素直に受けとめられるのではないだろうかと考え、職場の同僚に協力をお願いした。夫婦別姓を選択している同僚が、こころよくトップバッターを引きうけてくださりホッとしたものである。

教師だって人間。学校で生徒に見せている顔と異なる顔をみんなもっている。同僚が生徒や私の知らないどんな顔を見せることになるのだろうか。同僚が教室に入室すると、案の定、「えっ！先生……夫婦別姓だったの……」と教室はざわめきたった。結婚というと法律婚のイメージしかない生徒たちは、「別姓だと結婚している実感・一体感がもてない」、はては、「家族の輪が感じられないのではないか」、と質問。その質問内容に「自分は〝川村律子〟以外の何者でもない。結婚してる実感・一体感・家族の輪を私は名前では感じない。具体的な生活の事実を共につくり出しあい共有しあうなかで、お互いを発見することで感じることが多い」という答えに、「へぇーそうかなあ、名前も重要だと思うけど」と納得しがたい生徒たち。

しかし、半数以上の生徒は「〝私は私以外の何者でもない〟と別姓にした理由を聞いたとき、自分のことをすごく大切に思っている人だと思いました」とか「まわりの目よりも、自分の気持ちを大切に生きようとしていることに感心した」とか、共感的に受け止めていた。生徒たちの先入観・偏見は、自分の物さしで、自分にこだわり、自分の気持ちに素直に生きていきたい、という同僚の話に、他人の目を気にし、他人の物さしで生き、自分を見失い流されていっている自分を見つめることになったようである。自分の物さし＝価値基準をもたない多くの生徒にとってそれは新しい世界発見であり、川村先生という異文化の大人発見でもあった。同僚はずっしりと重い課題を生徒に直球で投げかけてくれた。

夫婦別姓、事実婚・確信犯シングルという三者三様の大人の自分さがしと家族さがし＝新たな文化づくりへの試みとの出会いは、生徒たちにとってまったく異文化の世界との出会いであり、激しいショック、葛藤をともなう異文化としての大人発見の場となった。その場に立ち会いながら私はつぎのような事柄を考えさせられていた。生徒たちが一七年間の生活経験のなかで積み上げてきた生活文化とは異文化であるがゆえに、衝突・葛藤を起こさざるをえない。私は衝突・葛藤が多様に生じることをもっとも期待していた。この衝突・葛藤なくして、生徒の多様な生活は内にも外にも浮かんでこない。それは自分に向けた自分への〝問い〟を生み出さないからではないだろうか。自分に向けた自分への〝問い〟が生じないところでは、学びは成立しないし、学びをかいした生徒たちの自分さがしもできないように私には思えた。同時に、自分と異なる文化をもった人間と出会ったとき、その人がもっている異なる文化を自分のなかに取り込み、その相手の立場にたってものごとを考えることができるかどうかは、異質共生―「異質を含んだ等質・同等でない等質を保証する」(中村雅子)―という他者理解への道をひらいていくものになるのか、その反対に異質排除・差別という日本文化に埋没させたままにしてしまうのか、その岐れ道として決定的に重要なことであることを考えさせられた。異質との共生はそう簡単にできるものではないといえる。

生徒たちに見えてきた世界

ある日、ひとりの生徒が同性婚と未婚の母たちも授業に呼ぶべきであると、学習要求をみんなの前で提案した。当初、生徒の間には〝同性婚なんてキモチワルイ…〟という偏見一色の空気があったので、同性婚者との出会いをつくることを取り下げていた。ところが、〝キモチワルイ〟を率先して言っていたその生徒が提案したのである。リーダーたちがみんなの意見を聞いて作った計画案は、同性婚の方の話を聴く前に、自分たちのディベートを聴いてもらう。その後、話を聴き質問するというものであった。ディベーター決めや支持する・しないのグループ・グループリーダー決めを行ない、その立論の根拠をどこにおくか、論をどう展開するのか、相手側からだされるであろう反論を予測して、どう答えるか、そのための学習・資料さがしが、地域の図書館等ではじめられたのは、同性婚の方が来て下さる一週間前のことであった。そうした生徒の動きに接しながら、仲問と学びあう協働行動・共同学習が展開しはじめたことに、私の学びが追いついていけるだろうかと不安を感じたものである。

同性婚の授業のあと、ひとりの生徒がつぎのような感想を書いてきた。

――ゲイ・リポートという本のなかで、浅田彰さんが「自分が正常だと思っているあなたは、実のところ〝正常な人間〟ではなく、単なる異性愛者であり、たまたま社会における多数派に属しているにすぎないのです。」と書いていて、私もこの考えに同感です。同性愛者以外のことでも、それが常識だと思っていても、たまたま社会における多数派に属しているに過ぎないのだとおもいます。だから、それ以外の少数派の人は異常だなんて決めつけたら、それは偏見だと思うし、自分の見方が狭くなっていくと思う

多数の側（強者）のみの考えでは、ものの見方・考え方が狭くなることを発見した生徒は、ひとつの事実を多様な立場から見て物事を考え選び判断していく複眼的思考力、それは少数・異質の他者の側に立って物事を考えることを豊かに育んでいくことになるのではないだろうか。この複眼的な思考力なくして他者との共存・多様な文化と共生する感性・知性は育まれない。私に実践の意欲を持続させてくれた文章のひとつであった。

少数・異文化の生活の事実を共有しながら、生徒たちに見えてきた世界は、自分らしく人間らしく自己定義しながら、人格的自律権（自分の人生は自分でデザインする権利）を行使しようとする大人たちの模索の姿であった。その大人の試行錯誤の生き方を自分の視野のなかにとりいれていくことをとおして、現代という時代と生活に参加しつつ批判的に介入することができ、自分の家族を相対化しながら自分さがし・家族さがし・大人さがしにリンクした多様さ発見と、異質共存・多様な文化との共生の新しい物さしづくりの学びの探求であったといえる。

おわりに―フェミニズム教育実践の課題

生徒たちのかかえる「家族問題」を共有し、「個人的なことは政治的である」というその政治性に立ち向かう共同学習を模索してきて私が教えられたことは、代理の弁を廃し、一人ひとりの生身の声を聴き取ることを大事にし、他者を無化しない「参加」の民主主義が、教科・教科外という領域・機能の区別なく、いま多様に試行錯誤され創造されていく必要があるということでもあった。

それは言葉を替えれば、つぎのことを意味する。生徒が知りたい・学びたい、生活につながることを探求したいという学習権の保障の質を問うということである。女性の自由と平等を求め、二一世紀に「結果の平等」を！　スローガンとするフェミニズム運動・思想は、学校教育で伝達される知識が、男性の基準や期待から構成されていないか、どうかを問うということである。女生徒にとって、学校教育は自分を見失っていく学習になっていないか、どうかを問うということである。女生徒がかかえた課題を、自らが考え自らの行動で切り拓いていくことは、自らの可能性に挑戦し新たな現実を創造していくことになる。そのプロセスは、女生徒自らが自分をつくりなおす学びであり、新たな自分をつくることを問うものである。第四回世界女性会議（一九九五年・北京）でキーワードになった、「エンパワーメント」の形成教育の質を問うものであるといってもよい。

フェミニズム教育実践は、社会に存在するジェンダーバイヤスを再生産させないために、その課題に気づき、自分の学びをつくり、その探求プロセスにおいて、自前の言葉（知）を紡ぎだしながら、自分の未来創造をしていく学びづくりであるといえる。教育における男女平等は、「教育の機会均等」という制度レベルでは達成しないことがわかり、「教育や知識がジェンダーを再生産している」ことが指摘されてくるなかで、フェミニズム教育実践の課題は、知識変革にあることが明確になってきており、教育実践においてそれが課題の焦点といえる。

（吉田和子）

注

（1）竹内常一「現代家族の現実と課題」『生活指導』、一九八五年一月号、明治図書　一二頁。竹内の部分引用はすべてこの論文からのものである。
（2）浅野富美枝「パンドラの箱をあけたフェミニズム」『唯物論』、一九九四年、三頁。
（3）上野千鶴子『家父長制と資本制』岩波書店　一九九〇年、二五頁。
（4）信田さよ子「子どもの虐待へのアプローチ」『教育学研究』第六八巻・第三号、二〇〇二年、二八頁。
（5）アンソニー・ギデンズ『親密性の変容――近代社会におけるセクシュアリティ、愛情、エロティシズム』而立書房　一九九五年。サブタイトルに見られるように、近代に進行した感情革命を読み解き、その行く末を「民主制としての親密な関係性」を、生きることの政治として提起している。彼は「親密な関係性の変容は、近代の諸制度全体を崩壊させるような影響力をもまた、おそらくもちうる。なぜなら、経済成長を最大限にもとめることにとって代わり、情緒的な満足感の獲得が重きをなしていく社会は、われわれが今日承知している社会とは相当異なったものになり得るからである」（一四頁）と指摘している。ギデンズの指摘を批判的に読み解き、マクロとミクロの政給をどうクロスさせていくのか、大きな課題を自覚させくれる。
（6）阿部謹也『「世間」とは何か』講談社現代新書　一九九五年、七頁。
（7）浅野富美枝、前掲論文、四頁。
（8）高生研第三二回大会基調「〈学びの共同〉としての学校を創造しよう」（吉田和子文責）、「高生研第三二回全国大会要綱」一九九四年、三頁。
（9）T・I・エマースン『表現の自由』小林直樹・横田耕一訳、東京大学出版会　一九七二年、一頁。
（10）佐藤学「学びの対話的実践へ」『学びへの誘い』東京大学出版会　一九九五年、七五頁。
（11）島崎隆『対話の哲学』こうち書房　一九九三年、六二頁、三三五頁。
（12）浅野富美枝『生きる場からの女性論』青木書店　一九九五年、六一頁。
（13）私の授業実践については、「現代世界が見えてくる授業案」『教育』五二四号、国土社　一九九〇年。「『現代生活』を読む授業―学校知を越える授業」『現代社会と教育』四巻所収、大月書店　一九九三年。「新しい家族文化を求めて―異質共存世界からの学習」シリーズ『学びと文化』四巻所収、東京大学出版会　一九九五年。一連の授業実践を『フェミニズム教育実践の創造―〈家族〉への自由』に作品化している。

第三節　新しい知識社会を創り出すメディア教育

1　教育情報化の文脈

ここ数年、教育情報化の動きは年を追うごとに加速され進行している。その背景には、実社会における「知」の在り方の変化がある。知識の統合体としての「知」がどのように変わり、社会や人びとの生活に影響を与えようとしているのであろうか。

変わりゆく知の様式

日本社会の形態が情報社会といわれるようになって久しい。しかし情報社会もまたすさまじいスピードでつぎのステップへ変化しつつある。つぎのステップとはドラッカー(1)らによって「知識社会」と名づけられているもので、その特徴は「知識」が経済の中心的な生産性要因となり、さまざまな価値を生み出す点にある。この知識社会と情報社会では知識のあり方に大きな違いがある。情報社会における主要な知識は、主として簡単に体系化できて人びとが理解できる言葉で表現されるもの＝形式知として認識されていた。一方、知識社会における主要な知識は言葉で明示的に表すことができないもの＝暗黙知として認識される傾向がある。このような「知」の様式の転換は、すべての分野の「知」にあてはまるものとは限らないが、一般的な傾向として形式知から暗黙知へ「知」の重要性はシフトしていくであろう。

従来は学校で身につける知識、いわゆる学校知と社会で必要とされる知識に大きな隔たりがあった。もちろん、学校知は社会で必要な知識の基礎を構成している。しかし、アラン・バートン＝ジョーンズが「企業間競争の武器として知識をとらえると、長期的に形式知は暗黙知を形成する素材としての価値しかもたない、ということがわかる」(2)と述べているように、それだけでは実際の生産活動にあまり役立たない。

少し前まで社会の主要な「知」は散らばっている情報を集めて体系化した形式知であった。そこに情報媒体である文書を容易に蓄積し管理するメディアとしてコンピュータが登場した。当初は貧弱な能力しかもちえなかったコンピュータであるが、画期的な技術革新によってその能力は瞬く間に上昇する。やがてコンピュータは、個体間でデータをやり取りするしくみが与えられネットワークを形成する。さまざまな変遷を経て、ネットワークはインターネットと呼ばれる全地球的な規模に発展し、情報収集と発信が従来とは比較にならないほど容易になった。集めることに相当な労力が要求され、結果を体系化するだけで価値が生じていた時代から、IT技術(3)によって極めて省力的に体系化した形式知を獲得できる時代になったのである。

形式知が当たり前のものとなると、仕事そのもののやり方が変化する。つまり生産活動の構造変革が生じる。仕事に必要な文書や情報・データは社内外を問わず、いつでも参照・入手できる。形式知をもつことではなく、それを使って他には真似のできない製品やサービスを作り出すことがもっとも大切になった。IT技術に下支えされた情報という形式知を素材にして、その人やその組織集団だけがもつオリジナリティという暗黙知こそが価値をもつ社会が出現しつつある。

教育情報化の状況と本質

現在、教育界は実社会からかなり遅れて情報化の波に巻き込まれている。情報化が遅れた主要な原因は、授業改善の不活性が長年にわたって続いていることにある。授業の研究自体は行なわれているにしても、明確な目標設定と教材開発、そして効果の測定がされていないことから、実質的な研究が立ち遅れている。定義―設計―開発―実施―測定―管理のプロセス、つまりインストラクショナル・デザイン(4)(以下IDと表記)にもとづいた授業の科学的な実践と研究が普及していないのである。

コンピュータなどの情報機器には、それ自体として人間を教育する能力をもっていない。コンピュータと教育の関係を実証的に研究しているジェーン・ハリーはこの事実をつぎのように述べている。「私自身は、コンピュータをうまく活用することは可能だと思っている。しかし、それは自動的に、安く、簡単に手に入るものではない。熟考と大いなる努力が不可欠である(5)」。人間である教師が、状況に応じて授業を設計しなければ機器を使う意味は発生しないのだ。ところがIDを用いない従来の授業研究方法を踏襲しているかぎり、情報機器を使う必要性は認識されにくく、導入したとしても目新しさ以外の効果を体感することが少ない。

こうした状況でミレニアムプロジェクト(6)に代表される折からのITブームにより、情報機器導入の予算が割り当てられると、どうやって使うのか、そのあてもないまま機器だけが学校にやってくる。配置された機器を前に、実直な教師たちは「せっかくだから使ってみよう」と研究会やWebで教案や事例をかき集め、試行する。はじめのうち、生徒たちは楽しそうに機器を操作し、授業もうまくいっているかのように見える。しかしやがて生徒たちがコンピュータの操作に慣れた頃、彼らはこっそりと教師が想定していた範囲外の使い方を始める。日常の授業において教師の最大の恐怖は、授業の主導権を失い収拾がつかなくなることにほかならない。そこで急遽、コンピュータの利用を取りやめ、いつもの授業に戻って事なきを得る。

この手の事例は決して特殊なものではない。さまざまな外圧と動機からコンピュータを使う羽目になり、いろいろと試したものの、結局、使うことを止めてしまう教師は少なくない。前述のようにコンピュータはそれ自体、ただの機械にすぎない。しかしこの機械には社会生活のなかで流通する多様な情報を統合的に扱い、必要に応じて処理・出力する能力がある。知識や情報が生産力の根源となる知識社会において、絶大な威力をもっているのだ。実社会ではこの事実がすでに受け入れられており、コンピュータとそのネットワークは基本的な生産ツールとしての地位を確保した。情報やデータは基本的に共有され、その上で組織のメンバーが知恵や労力を結集して自分たちの生産活動をほかより優位に保とうとしのぎを削る。かくしてメンバーの創意工夫という暗黙知は、それぞれの個人の頭脳に蓄積され、その一部がマニュアル化されていくことで、組織にとっての本当の有用な知識が形成されていく。

コンピュータによる教育情報化も、実社会の動きと無関係ではいられない。社会がコンピュータを使うことで仕事自身とそのやり方を変化させているように、授業にコンピュータを導入すれば授業そのものの構造も変化せざるをえない。しくみの変化には大きな労力がともなうし、先行きが不透明であるからトライアンドエラーを繰り返す忍耐も必要である。しかし現場の教師にそのような余力は少なく、求められるものは時間がかからず、授業が情報化されているように見える手立てとなる。前出のミレニアムプロジェクトにおいて、文部科学省が公にした方針[7]はコンピュータを難しく考えずに教科書の説明内容や図版・資料などを動画として見せるだけで充分な教育情報化であると断言している。

今、学校ではビデオやカセットテープ・CDなどのメディアが日常的に授業で利用されている。コンテンツに不満はあるものの、それなりに便利に使っている教師は多い。現時点ではほとんどない動画コンテンツがあるとすればコンピュータを既存のメディアと同じように使う方法も、もちろんあるだろう。だがこのような電子紙芝居的なやり方をコンピュータ利用の中心とするならば、学校知は確実に知識社会から乖離していく。電子紙芝居を見せるだけならば、動画コンテンツをビデオ化するだけで充分なのは誰の目にも明らかである。わざわざ教室にコンピュータを置くよりも、今あるビデオ機器を利用する方が確実で安く済む。

結局、教育情報化の本質はコンピュータやＷｅｂなど情報機器を使うことにあるのではない。コンピュータを使うことによって、従来よりもよい学習成果が得られるように、授業の構造を変えることが教育情報化の意義なのである。では授業をどのように変えればよいのか。この問いに対する答えは一様ではない。授業がその場かぎりのライブである、以上現場の数だけの答えがある。しかしそうした前提に立ちながらも、あえて筆者なりの見解を示すのであれば、教育情報化の目的は授業におけるコンテンツ（学習内容）のフロー[8]の改善である。しかもコンテンツフローはその効率でなく質的な面を変えることを第一とする。

授業形態に違いはあるが、現在、もっとも普及しているコンテンツフローは上意下達型の構造である。教師が教えるべき内容（コンテンツ）を教科書や資料を使って、学習者である生徒たちに伝え理解させる。コンテンツが与えられるものであるため、基本的には考えるべきポイントも教師が示唆を与える必要がある。上意下達型のコンテンツフローによる授業は、体系的な形式知の習得方法として効率に優れている。きちんと配慮して授業を展開すれば、詰め込みと呼ばれるような理解のないままの暗記に陥る危険も少ない。しかし問題を発見して解決策を探ったりするような暗黙知領域をコンテンツとする場合に、上意下達型のフローは適していない。経験の豊富な教師は形式知に該当する部分を上意下達型で教えていても、暗黙知領域の内容になると講義からグループワークなどに変化させて、適切なフローを選択する。暗黙知のコンテンツを上意下達に与えてしまうと、子どもたちはこれまで見たり聞いたりしてきたステレオタイプの解を当てはめ、効率的にもっともらしい答えを簡単に用意する。仮に環境問題がテーマであれば、自然保護という錦の御旗に合致する解を驚異的な検索力で記憶の引き出しから探し出し、文章化できるのだ。しかしそうした解を子どもたちのオリジナルな思考の結果であるとするには無理がある。

暗黙知領域のコンテンツを扱うときには知識が共有された状態において、価値観が一致している他者からの多様な意見に触発されながら、解をまとめあげていくプロセスが必要である。このような共有型のコンテンツフローをもつ授業は先も読めないし、時間もかかる。だがそれらのハンデがコンピュータの導入によってわずかでも軽減されるのであれば、コンピュータによる教育情報化をやる価値はある。授業におけるコンテンツフローが共有型に変わることで、学習成果の質を向上させる。これこそがコンピュータがもたらす新しい「知」の実践となろう。

知識社会に対応する社会参加能力

知識社会化が進行すると、学ぶこと（学習）と働くこと（生産活動）の距離は次第に近づいていく。なぜなら「私たちはだれもが、少なくとも自分自身の頭脳、すなわち知識資本の所有者である」[3]ことから、学習が知識を供給するための源泉として位置づけられるからである。

知識社会では個人が情報から知識を創り出して社会とつながり、多様な価値を発生させる。そこで人びとは情報を主体的に活用していくことで知的生産力を増進させ、知識や情報を自分で生産し表現・伝達するようになる。最終的に人びとは自分が望ましいと思う社会的な目標を実現すべく、価値観の一致する組織において積極的に活動する存在へと変化していく。このような知識資本の所有者たる人びとは学習に対して、つぎの三つのニーズをもつ。

——コミュニケーションスキルを向上させ、自己確立（主体性）を促進する

——価値観を共有する学習共同体への参加とそこで共愉[9]状態を経験する

——継続的かつ主体的な学習を動機付け、かつ行なう

三つのニーズを具体的な状況に置き換えるとつぎのように説明できよう。まず自分のしたいことや考えを明確に

した後に、適切なコミュニケーションを媒介として、自分と同じ考え方をもつ仲間とネットワークをつくる。このネットワークの求心力は金銭や地位ではなく[10]、社会的な価値をもつ共通目標の実現である。したがってネットワークの活動はそのまま自己実現に結びついている。やがてネットワークの活動はさまざまな困難や課題に直面するが、学校教育にとどまらない継続的な学習による知識を活用することによって諸問題は解決されていく。このプロセスはドラッカーが「知識社会では、もはや学校と生活とは切り離されたものではありえない。学校と生活は、相互にフィードバックし合うという、有機的なプロセスの中で結合される[11]」と表現した状況に一致する。

以上のような知識社会での人びとの行動様式は、何も特別なものではない。現在でも社会的価値のある優れた生産活動が成立している場合には、程度の差こそあれ、同じようなプロセスが発生している。しかし知識社会ではこの傾向がいっそう強くなり、しかも活動の自由度が高くなる。能力に応じて、ひとりの個人が多数の組織ネットワークに参加して、業種や職種にとらわれない生産活動を展開していくことも、今よりずっと容易になる。コンピュータを基礎としたIT技術が、価値観によるつながりを支える重要なインフラとなるわけである。

さて、かかる状況で人びとに求められる社会参加の能力を、先にあげた三つのニーズからより具体的に設定するとつぎの三点のようになろう。

① 文書によるコミュニケーションの性質を利用した情報発信を行なう

② 共同作業で生成された情報から、共通性や等質性を発見する

③ 学習経過と結果を記録し、結果を自己評価する

①は相手に自分の意図・意思を明確に伝えることと、相手のいいたいことを正確につかむ能力にかかわっている。ともするとIT技術が基盤となる知識社会では、マルチメディア化されたコミュニケーション手段が主流になるようなイメージがもたれやすい。確かにマルチメディアによる音声と映像のコミュニケーションは、コストも下がり

ますます使いやすくなるだろう。しかし、それがコミュニケーション手段の主流になるとはかぎらない。現在の電子メールやイントラネット[12]の利用状況を見ると、むしろ大切なことほど文書によって確認・共有されている傾向が強い。したがって、言いたいことが正確に伝わる適切な形式と内容をもった文書を作成する能力と、それをコンピュータ・ネットワークの技術を使って広く発信できる能力が必要とされる。

②は協働するための仲間づくりに必要な能力である。価値観の一致は互いの仕事や考え方に共通する部分があって初めて起きる。したがってそのネットワークが生み出す情報から、自分が受容する要素を見つけ出す能力が必要なのである。

③はネットワーク活動で発生する問題を解決する際に大切な能力である。実社会での問題は一義的な解を容易に入手できることが少ない。つまり大部分の問題が初出のものであり、解決策がわかっているケースはほとんどないのである。したがって「何が問題なのか」という問題の所在を正確に認識することから始めていかなくてはならない。従来の学校教育で行なわれている問題を与えるという行為がすでに通用しないのである。そこで問題を発見しその構造を分析した上で解決策を創案するために、必要な学習を継続しつつ自分でそのプロセスを管理し、適切な成果を発生している問題に適用する能力が重要になる。

2 Computerized Learningによる授業設計

教育情報化のメインテーマは授業の情報化にほかならない。では実際にコンピュータの特性をどのように認識し取り入れながら、授業を組み立てていけばよいのであろうか。コンピュータを使った学習には、CAI[13]をはじめとして多くの種類がある。コンピュータを使う目的や意味によって、いろいろな形態がIDに基づいて開発されている。これらの研究成果はやがて現場に還元されるのであろうが、現場の教師として日々の授業を組み立てることには直接結びつきにくい。

そこで学術的な研究とは別のアプローチとして、既存の授業の一部にコンピュータを導入する方策が考えられる。CAIのようにシステムと呼ぶまでにはいかないが、コンピュータをつかうメリットがある部分に、少ない労力と資源でコンピュータを利用していく学習、こういった実践的な教育情報化された授業を（Computerized Learning）と呼ぶ。

Computerized Learning の基本的機能とメリット

授業で利用するコンピュータの基本的な機能はおよそ、つぎの三点に集約される。(14)

——創る　Creation

伝える　Communication

保管する　Store/Re-use

そしてこれらの機能を踏まえると、コンピュータを使うことによって得られるメリットはつぎの三点が主なものとなろう。

① データの標準化…Communication 機能と Store/Re-use 機能に対応する

② データの比較・分析処理…Creation 機能に対応する

③ データのフィードバック処理…Creation 機能に対応する

①については実際の学習の際、収集されるデータはインターネットやCD－Rなどのデジタルデータから、友だちとの話しや教師のアドバイス、新聞や雑誌、図書などの文献、さらにテレビ・ラジオ・衛星放送のメディアなど、

図 1　フィードバック処理による授業フローの例

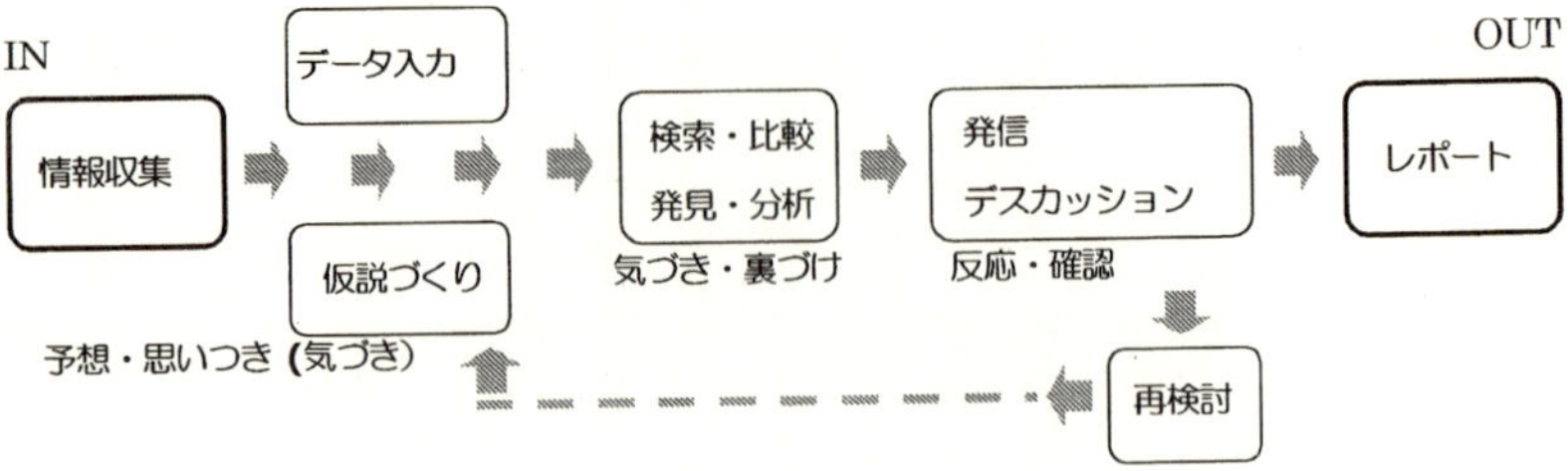

多種類にわたる。こうしたさまざまな形式のデータをコンピュータ・ネットワークの上で扱うためには、アナログデータをデジタル化する作業とともに、デジタルデータをさらに定型的に扱うためのフォームを設定しておく必要がある。データが定型化されていると、検索や比較や分析を行なう際に便利である。しかも定型化はコンピュータが使えなければ、手間のかかる作業で挫折をともないやすくなるが、コンピュータの自動化機能を利用すればかなりの程度まで省力化できる。[15]現在のコンピュータテクノロジーでは、日付や通番の自動入力からタイトルの自動記入まで相当程度のことが実現可能である。

②の比較・分析処理はコンピュータのメリットを大きく体感できる部分である。これまでの Computerized Learning による授業経験からデータ項目の百分率算出や結果のソート、また重複データの抽出やグラス化等の有効性が高い。

③のフィードバック処理とは**図1**のように一度入力されたデータを利用して、学習をやり直す機能である。課題にしたがってデータを収集しコンピュータのデータベース（以下、DBと表記）に入力する。DBの入力フォームはデータのタイトルと日付、記入者名、通番など最小限の事項を設定しておく。入力フォームを使うことで、①に指摘したデータの標準化が行なわれる。このデータ入力と並行して仮説づくりが進行する。仮説づくりとは、データ入力の段階でテーマの結果に対して何らかの予想をたてたり、直感的な発見をしたりする作業である。コンピュータを用いない従来の授業では通常、学習途中の段階で仮説づくりは行なわない。そのためデータの入力が終わ

ってから比較や分析を行ない、何かの発見をしていくパターンが主流となっている。しかし実際の授業を観察すると、発見や気づきは集まったデータを分析しているときよりも、データを収集したり入力したりする段階で生まれることの方が多い。その原因のひとつはデータ数にあると思われる。データの数が多くなるほど、分類する能力が要求されるため処理しきれずに時間がかかったり、あきらめたりしてしまうのである。対してデータを収集・入力している時には、限定されたもののなかから分析するために子どもたちにとっては作業が比較的容易なのであろう。テーマに関して生徒たちにある程度の予備知識がある課題の場合[16]には、気づきは普段から何となく疑問に思っていたことの延長上にある例も少なくない。したがって予想や思いつき・気づきを、集めたデータによって検証していくやり方は、モチベーションを学習活動に活かす点からも効果がある。従来の学習観にもとづいて、まず知識ありきの考え方があると、データが揃わないうちに仮説をつくることには意味がないように思える。しかし現代の情報社会をバックボーンにもつ世代の子どもたちにとっては、多くのテーマがすでにそれまでの生活のなかでさまざまなメディアから得た情報として共有された状態になっていると考えてよいだろう。そうであれば、データをある程度まで収集・入力した段階で、子どもがすでにもっている情報とそれらがリンクして何らかの気づきが起きる可能性は充分にあると見てよい。そうした構造を利用しないでひたすらデータ収集を優先させれば、その時点で学習に対する興味や意欲が低下する心配もある。フィードバック処理という情報化によって、豊富な情報から差異や新しさといった気づきを感じ取れる確率が高まるのである。気づいたことへの確信がデータの検索・比較・分析を通して高くなれば、論拠を確認したあとで出力用フォームにしたがって成果が外部に発信される。発信された成果は他者からのコメントアップ[17]などの反応確認を経て、再検討するかレポート化されるかに分岐する。再検討する要素がある場合には、再び仮説づくりへループし、同様のフローが繰り返される。

Computerized Learning を導入した授業モデル

Computerized Learning の基本的機能とメリットをもとにして、Computerized Learning を導入した授業モデル例を説明する。はじめに授業の教授目標をつぎのように設定する。

① 重点先行型文章[18]を作成する

② ドキュメントコミュニケーション[19]による情報発信を行なう

③ グループワークで生成された情報から、共通性や等質性を発見する

これらの教授目標は四六―四八頁で述べた人びとの学習におけるニーズと社会参加能力を踏まえた上で、学習者に期待する学習成果から設定したものである。授業が完了したあとで、①から③のことができるようになっている状態になれば授業の目的は達成されたと考えられる。

本来、ドキュメントは特定の相手に説明や説得するためのものであり、相手に伝わりやすい構造にすることが肝要である。そのドキュメントの主体である文章を伝わりやすくするためのしくみが、重点先行型文章である。これは結論部分を冒頭に配置し、その文章の意味が変わらないように書き直したものである。

みんなが重点先行型文章によって学習成果を記述すれば、誰が見ても大事なことが何かを明確につかむことができる。この重点先行型文章にディベートによる立論の構造を加えると、さらに成果の記述が読み取りやすくなる。ディベートの立論構造[20]はつぎのようなものである。まず立論全体は定義・メリットまたはデメリットから成り立っている。定義は文章を読むさいに共通理解が必要な言葉の意味や範囲を説明するものである。また重点先行型文章の結論部分はメリットまたはデメリットに置き換えられる。結論部分であるメリット・デメリットをさらに補足するものとして、それらがどのように成り立つのかを発生過程で述べ、ついで結論がメリットの場合はどれだけよい点があるのかを重要性で、デメリットの場合は悪い点があるのかを深刻性で説明する。このような構造を利用する

ことで、学習成果としての結論がより他者に伝わりやすくなる。ディベートによる立論構造の利用は教授目標の②にある情報発信のさいにも有効である。

続いてComputerized Learningによる標準的な授業構成を、高等学校社会（公民科）の想定により説明する。ステップは全部で一〇段階[21]あり、通常授業による講義に引き続いてComputerized Learningを適用する。通常授業とは普段、教科書を用いて行なっているカリキュラムである。Computerized Learningを行なうさいに注意する点のひとつとして、既存の授業との整合をとることがある。いくら優れた授業であっても、それを組み入れることによって普段の授業を犠牲にしてはならない。そうでなければ、Computerized Learningは特別な授業となってしまうのである。Computerized Learningはコンピュータを使うことが目的ではなく、あくまでも学習成果の質的な向上をめざしている点を常に意識しておかなくてはならない。つぎに通常授業との整合をとった授業構成の例を図2（次頁）に示す。

Computerized Learningの授業構成は既存の講義式授業から始まる。授業では、講義によって教科書にある学習内容に関する知識が伝達されるのであるが、ここで単に知識を受容するだけでなく批判的な学習を行なう。教えられた（与えられた）知識や情報を自明のものとせず、常に自分の感覚や経験に照らし合わせた判断をするのである。たとえば筆者が担当している政治経済の分野であれば、教科書に日本市場の閉鎖性をつぎのように指摘した記述がある。「大競争時代といわれる国際経済環境の中で、日本経済は企業経営や国内経済システムの面で根本的な改革を迫られている。市場開放や規制緩和も外圧と受けとめるのではなく、日本経済復活の手段と考える必要がある」[22]。この教科書の説明では、日本経済の市場が閉鎖的であり諸外国から開放を求められていることが伝えられている。しかし日本の戦後の経済統計調査を見れば、外国企業の新規参入企業数の多さや国内市場が外国企業と競争的市場になっている分野の多さがデータとしてわかる。つまり日本の国内市場が外国企業を排他的に扱っている事実はな

図 2　Computerized　Learning の授業構成

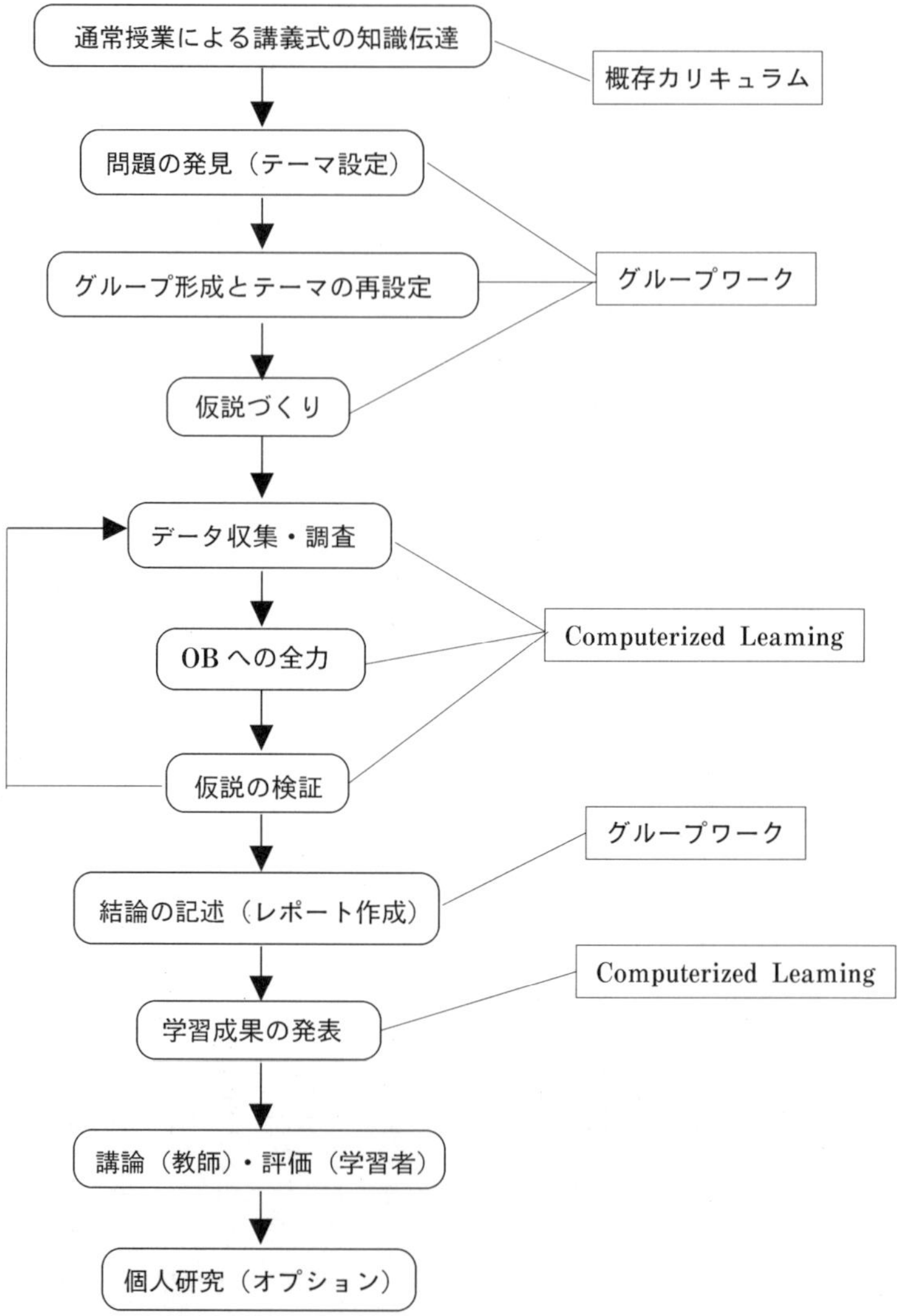

いことに気がつくのである。そしてこの気づきは、日常生活の買い物にいけば外国企業の製品が多いことで実感できよう。

このように講義による知識伝達の時点から、ただノートをとったり憶えたりするのでなく、批判的な視点を養うことで Computerized Learning による利点を生かす下地づくりをしておくのである。

通常のカリキュラムの一定範囲が終了すると、批判的な学習によって得られた疑問や仮説もある程度蓄積された状態となっている。そこで講義式からグループワークに授業形態を変更し、テーマを持ち寄りグループとして学習を進めるテーマを再設定する。方法としては事前に各人の疑問や仮説を提出させておき、一覧を作成して似たようなテーマをもつ者同士でグループをつくらせるなどの手段が一般的である。

メンバーが決まったところで、グループとしての仮説をその時点で作成する。これは予想であったり、まったくの思いつきであったりとさまざまな状況があるが、ここでは論拠の有無にかかわらずできるだけ生活から実感したことを材料に仮説を構築するとよい。先の例では市場が閉鎖的という知識に対して、「それならばどうしてあれほどスーパーやコンビニでたくさんの外国製品が売られているのか」というような疑問をもとに、「日本市場は閉鎖的ではない」という仮説がつくられる。

仮説づくりが完了したら、ここからが Computerized Learning の出番となる。仮設を論証するために仲間で手分けをして、インターネットのWebを利用して資料を集めたり、図書館などで文献を調べたりするなどして、その結果をＤＢに蓄積していくのである。ＤＢはあまり凝る必要はないが、データのタイトルと日付、記入者名、通番など最小限の事項を設定しておくことで、データの標準化も達成される。ところで作業は仮説を証明するものを集めるため、自分に都合のよいものばかりを集めてくる可能性がある。しかしこの段階ではその点についてあまり指導する必要はないと思われる。なぜなら、最後の学習成果の発表のところでクラスの仲間たちや教師による評価があるため、あまり都合のよいものばかりを集めてもうまく説明できなくなるからだ。その意味で評価作業は慎重かつ詳細に行なう必要があるが、これについては後述する。

DBへのデータ蓄積が順調に進むと、これらをグループで適宜処理して結論の記述を行なう。結論は最終的にグループとして作成されるのであるが、基本的に個人がそれぞれに結論を作成した上で、グループとしてまとめるようにする。結論は重点先行型文章にディベート構造を適用した形式を標準として、パワーポイント等のプレゼンテーションソフトウェアで発表する。

発表は基本的に時間を五〜一〇分程度に設定し、必ず質疑の時間をとる。聞き手には事前に発表の技術と内容評価を行なうための評価票を配布しておき、正確な評価を行なうように配慮する。

3　知識社会の実践を志向する授業事例

これまでの内容を包括的にまとめるものとして、教育情報化の目標を授業の質的改善においた筆者の授業実践例を紹介する。実際の授業では、勤務校のコンピュータ教室が別棟にあり大学との共有利用となっていることから、コンピュータの導入は部分的にしか行なえない制約がある。

授業の位置づけ

科目の名称は「現代文明論」といい、全二三回（一回八〇分）の授業が毎週二回、割り当てられている。この科目は学園独自の共通科目として総合学習的な学習内容で、現代文明の批判的理解と主体的学習の方法論を軸に、現代文明成立の概論・知的生産技術の習得・現代文明の諸問題（国際・平和・人権・福祉・環境・科学・情報・生命・

倫理・家族・スポーツ）の三分野と学園の教育理念が学習内容となっている。

事例として取り上げるのは「現代文明論の諸問題」として設定した「二〇世紀におけるモノの功罪」の授業である。内容は現代文明の性質を生徒たちの具体的な生活文化のなかから見出し、今後の文明のあり方や方向性を検討するものである。

教授目標

現代文明論の最後の課題となるため、それまでに培った知的生産技術を活用し、発表と評価を適切に行なうことを中心に教授目標を四点設定した。とくにデータ分析から仮説検証までのフィードバック処理と、発表の評価を明確な基準のもとに行なうことで、これまでともすると静かに聴くだけだった発表の時間を有効な学習の時間に変えることの二点が授業の焦点となった。

——グループワークによる一次データの作成

重点先行型文章によるドキュメントの作成

Computerized Learning によるプレゼンテーション

発表内容を評価する方法の理解

授業構成

授業は以前に学んだ現代文明の概論での疑問を予備知識としながら、新聞(23)の特集記事を導入として使い、二〇世紀に発明されたもののなかで人類にとって幸福な結果をもたらしたものと、逆に不幸な結果をもたらしたもの、さらにどちらともいえない功罪ともにあるものの三つを各人が三つずつ考えることから始まる。その手順を図示する

図 3 「モノの功罪」授業構成

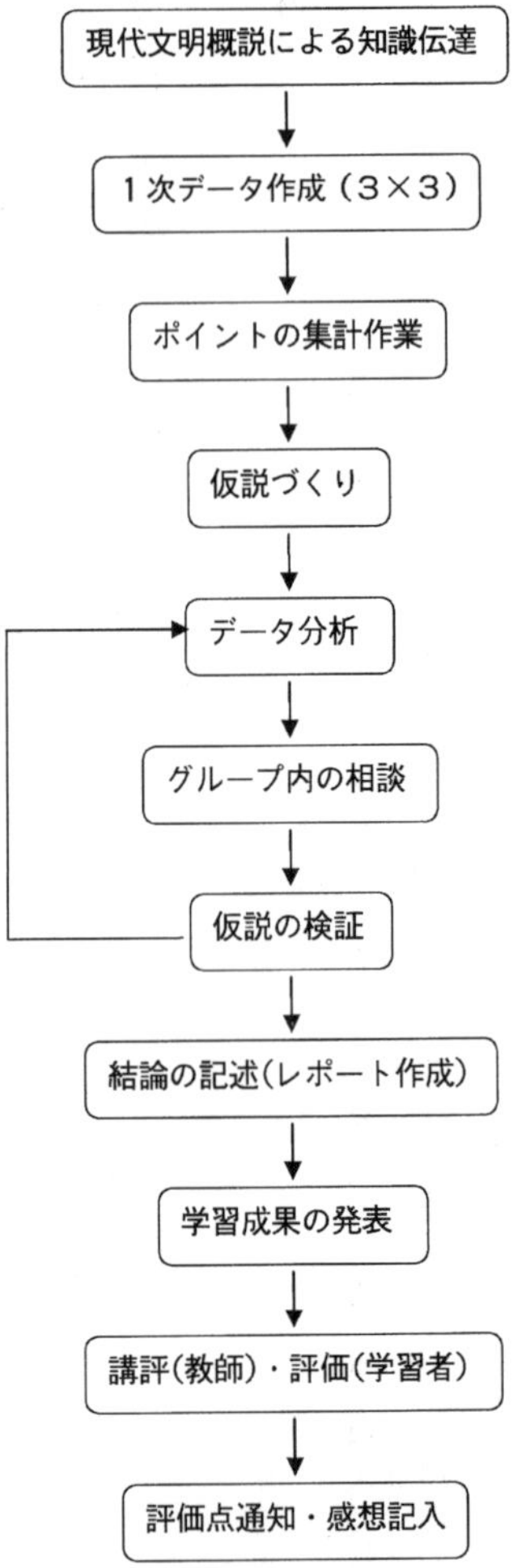

と図3のようになる。

データを作成した者は教師にその結果を報告すると、それをコンピュータに入力して表形式に出力する。結果データは紙に印刷して配布する。データは授業を重ねるごとに蓄積され、より充実していく。つぎに配布されたデータ集計元票をもとに、ポイントを計算して各分野の総合順位を算出する。計算方法は一位＝三ポイント、二位＝二ポイント、三位＝一ポイントとした。

限定されたクラス内のデータだけでは、分析にあたって心もとないため導入に利用した新聞記事の調査結果（集計は同様の方法）も参照して、幸福にしたモノ・不幸にしたモノ・功罪あるモノの三分野のそれぞれについて、およその傾向から自分なりの見解をまとめて仮説を立てる。たとえば「不幸にしたモノは兵器が多く、しかも大量に人間を殺傷できるものである」などとまとめる。

立論した仮説は、データ項目の割合（百分率）や散らばり方などの基礎的な統計量を利用して検証される。その結果、先の仮説が成立すればグループ内のメンバーや教師に提示して検証を受ける。このプロセスがクリアできれば結論として採用し、クリアできなければ再度仮説を立論して再びデータの分析を行なう。この作業を各自で三つの分野について実施し、メンバーの作業が完了したところで各自の結論を持ち寄ってグループとして発表する結論を選ぶ。この段階はグループ内で一種のプレゼンテーションがなされている状態と考えられる。実際、生徒たちは自分の結論に愛着があるようで、グループの結論として採用されるように懸命に討議をする傾向が見られた。

グループの結論が決定したら、つぎに発表用の原稿を作成する。すでに四回から一一回までの授業で事前に原稿作成の方法と発表の技術、および評価方法について説明と課題練習を終えているため、比較的スムーズに作業は進展した。そして最後に発表と評価を二回の授業において一人平均五分程度で行ない、教師と聴衆である仲間たちの評価をまとめて、本人に結果を通知する。各人は評価結果を見ながら、課題の感想と設定された教授目標について自己評価を実施し、課題を完了する。

（高林　茂）

（注）

（1）Perter. F. Drucker＝米国クリアモント大学院大学教授、経営コンサルタント。

（2）Alan Burton-Jones『知識資本主義』日本経済新聞社　二〇〇一年。

（3）Information Technology＝コンピュータ・ネットワークなどの情報通信技術。

（4）Instructional Design（ID）＝学習者の有能な学びを実現するために、効果的な教授を計画し、開発し、評価し、管理するためのシスティマティックな方法のこと。日本教育工学会編『教育工学事典』実教出版　二〇〇〇年。

（5）Jane. M. Heary『コンピュータが子どもの心を変える』大修館書店　一九九九年、一〇頁。

（6）教育の情報化を通じて、「子どもたちが変わる」「授業が変わる」「学校が変わる」という状況をめざし、二〇〇五年度を目標に、全国の学校のすべての教室にコンピュータを整備し、インターネットにアクセスできる環境を実現するという政策。

（7）『「ミレニアムプロジェクト」により転機を迎えた「学校教育の情報化」』平成一二年七月文部省学習情報課。
http://www.manabinet.jp/it ed.pdf.

（8）ここでは教育内容の処理と伝達を意味する。
（9）主体的な個人が共感・共通する価値観で協働し、積極的に支援する連帯性のもとに自己と社会のつながりをもっていく状態。
（10）ただしまったく無関係であることはない。
（11）Peter Drucker 著、上田惇生訳『断絶の時代』ダイヤモンド社　一九九九年。
（12）インターネットの環境を企業内で情報の共有化に転用したもので、企業内の情報交換をWWWブラウザーや電子メールなどを用いて行なうネットワーク形態のこと。
（13）Computer-Aided Instruction＝コンピュータによる学習支援システム。
（14）根岸秀孝『COMPUTER DESIGNICS』グラフィック社　一九九五年。
（15）多くの場合はデータの最初の行から限定された文字を拾ってくるしくみである。
（16）環境・国際・人権・福祉・科学・情報・スポーツなどが該当する。
（17）他人の意見が指定欄に書き込まれたり、寄せられたりすること。
（18）矢島隆『伝える情報から伝わる情報へ』エクスメディア　二〇〇〇年。
（19）本節において「ドキュメント」とは、プリント教材や生徒のレポートなど。広く教育活動全般で作成される紙に表現された情報から、図解や写真などの画像情報までを含んでいる。
（20）本来のディベートではここに論題を実行するためのプランが加わるが、重点先行型文章には該当する部分がないので除外する。
（21）講評・評価の後の個人研究をオプションとすれば一一段階となる。
（22）高等学校公民科用文部省検定済教科書『政治・経済』東京書籍　一九九八年。
（23）読売新聞二〇〇〇年四月二七日「モノの洪水、その功と罪」

第四節　「身体知」の教育づくり

1　いまの子どものからだには問題があるのか？

近年、身体論と呼ばれる学問領域が隆盛し、おびただしい数の文献が出版されるようになった。そのなかで、現在の子どものかかえる身体の問題を指摘し、その「問題のある身体」を改善する方法を論じているものがある。それらによれば、子どもたちの身体はつぎのような問題をかかえている。ほんの短い時間もじっとしていることができない。倒れそうになっても手をつくことができない。他者とふれあうこと自体に嫌悪をおぼえてしまう。すぐにムカツク、キレル、などである。そして、そのような身体が現れる要因には日本の伝統的な身体文化の衰退がかかわっており、問題の解決ためには子どもたちが伝統的な身体文化を学ぶ必要があると指摘している。

齋藤孝は「腰肚文化を生活の中で枝化している現在の七〇代・八〇代以上の人たちの身体感覚を、間の世代を飛ばしてでも今の小学生に伝承していく方策が練られるべきではないだろうか(1)」と述べ、日本の伝統的な腰肚文化の復活がそのような問題の解決の糸口になると考えている。しかしそのような方法論は、導入の仕方によっては、身体に対する新たなしっこくになっていく危険性を孕むものだといわなければならない。また、ムカツクやキレルがそうだとはいえまいが、正当な怒りや反発は、権力を批判し相対化していく上で必要な感情や行為である。戦前、教師の言うことならなんでも唯々諾々と受け入れた子どもたちの身体よりも、むかつく身体はむしろ正常な反応を示している身体だととらえることもできるのではないだろうか。

つぎに、学校は子どもの身体をどのようにとらえ、これからどうしようとしているのか、学習指導要領の改訂から見てみよう。来年度から実施される新学習指導要領には、いくつかの点で従来の身体観や体育観を転換しようとする意図が見られる。たとえば、小学五年生からの「体つくり運動」には、従来の体操のなかにあった「体力を高める運動」に加えて「体ほぐしの運動」が新たに導入される。学習指導要領解説によれば、日常生活において、運動遊びなどの体を動かす体験の減少、精神的なストレスの増大等、児童の生育環境の変化が著しく、そのために体と心とをほぐし、リラックスできるような運動を体験する必要があるという考えから、「体ほぐしの運動」を導入するという。また、ボール運動に加えられたソフトバレーボールなどの「ニュースポーツ」の導入には、従来の運動能力の向上や約束や決まりを守ることをめざす授業から、身体が運動自体に共感するかどうか、身体の心地よさを感じるかどうかを判断基準とする「フィットネス型」授業への転換の可能性が内包されているといわれている(2)。

このような学校体育の変容を、杉本厚夫らは、「いわゆる非規律化された学習が導入されたのは画期的なこと(3)」や「近代的身体のあり方を再考し、近年の子ども達の身体を巡るさまざまな問題を解決する可能性をひめている(4)」と賞賛している。しかしこの学校体育の転換は、そのように楽観視できるものなのだろうか。私は、つぎのような理由から、「伝統的な身体文化の復活」や「体ほぐしの導入」を学校制度のなかへ唱導することを危惧する。それは、「体ほぐし運動」を指導する教師の身体が、近代的身体の規律化によって子どもの身体以上に硬直した状態にあるなか、身体のポリティックスを問わないで「ニュースポーツ」や「体ほぐしの運動」を導入することは、その意図とは裏腹に身体をさらに従順な身体にするための方略に転換する危険性をもつ可能性があるからである。「体ほぐしの運動」を一般社会で行なう場合と学校制度のなかに導入して行なう場合とでは、その機能が大きく違ってくる可能性がある。一般社会と学校とで大きく機能を変えることのあるものの典型を、カウンセリングの例で見ておきたい。

かつて学校カウンセリングの紹介を目的として制作されたビデオに、つぎのようなものがあった。ある生徒が担任教師との関係に悩みをかかえ、学校に行くことが苦しくなっていた。そこで、学校に配置されたスクールカウンセラーに相談する。生徒はカウンセリングを何度か受けるうちに自己の問題性に気づき、担任との関係も自分の問題だと考えるようになる。カウンセリングを受けることで生徒は担任に対して「素直」になれるようになり、それによって教師との関係は次第に改善される。教師との関係がよくなって元気を取り戻した生徒は、学校生活を「正常」におくることができるようになる。およそ、そのような内容のものであった。私はこのビデオに違和感を覚えた。それは、問題の当事者であるはずの教師についてはまったくふれられていなかったからである。カウンセリングを受けることで子どもがただ従順になっただけのようにしか見えなかった。現実の学校現場でカウンセリングが行なわれる場合にも、このビデオの例がそうであったようにすべての責任が子どもに負わされてしまう可能性が高い。

さて、本節では以上のような問題を乗り越える方法論を「身体知」という観点から考えてみたい。まずは、問題とされている子どもたちの身体の状況について考察してみよう。

2 むかつく子どもたち

ダブル・バインドから「むかつく」へ

近年「むかつく」という言葉が中高生の間で広範に使用されている。読者も電車やバスのなかで、日常的に耳にしている言葉だろう。このむかつくを手がかりにして、子どもたちの身体のおかれている状況について分析する。

「むかつく」に関する研究は、その原因を彼らの耐性の不足、社会性の欠如、日本の身体文化の衰退などに求めている。[5] 理不尽といえるほど、あらゆる対象に対して「むかつく」子どもたちの身体に、そのような問題がかかわっていることは否定できないだろう。しかしむかつくことの原因を、もっぱら子どもの側に求めるだけでは、善意の言葉にさえ「むかつく」子どもを理解することはできない。

「むかつく」について初期に言及していた竹内敏晴は、むかつくを戦後の怒りの感情を表現する言葉の変遷という文脈上でとらえている。竹内によれば、私たち日本人の身体感覚と結びついた怒りの感情を表現する言葉は「ハラが立つ」であったが、戦後になるとそれに代わって「アタマニクル」が登場する。「アタマニクル」は怒りを「押さえなければと頑張るオノレのなくなった」[6]、我慢を知らない身体から表出される怒りの感情表現だという。八〇年代なかばからは、「胸がむかむかして吐き気がする」という生理的な不快感をあらわす「むかつく」が、怒りや不満を表現する言葉として定着する。「ハラが立つ」から「アタマニクル」、そして「むかつく」へという怒りを表現する言葉の変遷のなかで、怒りは次第に身体感覚とは切り離されたものになっていった、というのが竹内のからだことばに対する見方である。そしてこの「むかつく」という言葉は、「吐き出すことも呑み下すこともできぬ宙吊り」にされたからだの状態を表現しており、「世界を受け入れられない、しかし拒絶することもできないからだ」[7]から発せられる言葉であると、竹内は指摘している。

この「むかつく」に対する竹内の見方は、現象学的精神病理学が「吐き気」に対して行なっている解釈と同じものである。つぎの引用文が示すように、現象学的精神病理学においてむかつくという「吐き気」の感覚は現状に対して抵抗を示している、つまり状況をのみこめない状態を表現していると考えられている。「彼女がこの反抗において、なにかを自分のうちにとりいれ、自分の手元にとどめておくことができないこと、かえってこれをもういちど吐き出し、自分からひきはなさざるを得ないことのなかに、なにか彼女の生命本能をおびやかすもの、彼女にふさわしくないもの、実存的に彼女が同化できないものを「のみくだし」、「こなす」ことが一般にできないことの具体的、身体言語的表現がみられます。さらにこうした知識でみていくと、あのように患者がなにかを同化できないということは、母親が舞踏会にいくことや恋人との逢い引きを禁止したことのうちにみられ、これですっかり説明されます。つまり患者は、母親の禁止をのみこむことができず、また彼女の恋と生命の意欲に加えられた干渉をのみくだし、こなすことができなかったのです(8)」。

このように見てくると、世界を受け入れたままでしかも受け入れないでいたい矛盾の状態にある身体が発する「むかつく」は、ベイトソンの言うダブル・バインド(9)の状況で発せられる言葉だと考えられる。

「モデル化」する子どもの身体

子どものストレスに関する研究によれば、中学生が日常の社会生活のなかでプレッシャーを感じるのは、おもに教師、親、友人、兄弟であり、そのような他者とのかかわりにおいて子どもたちは「むかつく」とう言葉を発しているといわれている(10)。

すでに見たように、「むかつく」はダブル・バインドの状態で発せられる言葉であった。つぎの例の子どもも、学校的価値体系に抵抗感を示しつつもそれを受けいれざるをえない自己と、それらから逃れて自由に生きたい自己との葛藤という、ダブル・バインドに陥いるなかで「むかつく」を表現している。

「みんな何も知らないのに、けっこう、知ったかぶりしてんのが、ムカツク。それは服装のこととか、なんか世の中のこととか。自分が一番えらいとか思いこんでて人をみくだしてる感じがする。学校を自分のやりたい教科だけにしてほしい。もっと教育方針かえてほしいと思う。義務教育なんて、もう古いと思う。もっと考えてほしい。子供のことを」。友だちは心配してくれる子もいるでもその子と仲の悪い子がグループで部活にさそわれてもあんまり行く気がしない。日やけしたくないし。もっと自分のことひとりずつ分かってほしいと思う。制服とかいろんなことで、法律で人間が自由なんだから校則でしばられるのは、法律違反では？　文部省のおえらいさん。もっと真剣に考えてください(11)」。

先にふれた子どものストレスの研究によれば、子どもたちがむかつく対象としてもっとも多くあげているのは同級生である。当然のことのように思えるかもしれないが、それはなぜだろうか。それは、学校という空間のなかで子どもたちが、つねに「序列化」され、「差異化」をはかられているからである。成績による序列化、身体や運動能力の差異化による身体の序列化等々、子どもたちはさまざまな仕方で序列化され、それによって関係を分断されている。学校においてありままの自分の姿をさらけ出すことは、自分の弱点を明かすことになり、さらなる序列化につながりかねない危険な行為である。学校という空間にあっては、教師だけでなく子どもたちもお互いをそのまま受け入れるのは難しいことになっている。

学校には子どもたちを序列化するための、子どもを集団的にとらえる「視線」が存在している。序列化とその視線の関係性を、学校における子どもの身体を例にしてみれば、つぎのように記述できるだろう。学校には他の権力装置と同様に、子どもの身体を集合的に規格化してとらえようとする機能が備わっているが、それによって子どもの身体はかえって個人化され、その個体差は明らかなものとなる。なぜなら、権力の視線によって身体が集合的に規格化されてとらえられることで、一律の基準に照らし合わせて個人の能力が測定されてしまうからである。逆説的であるように思われるかもしれないが、子どもの身体を単独的にとらえる視線のもとでは、このような意味での個人化は行なわれない。

このような視点から、芹沢俊介は「本来その差異の限界内に立ちとどまるべきなのに、そうすることができずに、違和を拡大し差異の否定にまで突き進む。その動力になるのがムカつくという身体感覚である。この身体感覚の発動を支えているのが個別性を承認できない価値観であることは推測に難くない」[12]と述べ、むかつくという身体感覚には学校の行なっている規格化・標準化の問題がかかわっていることを示唆している。子どもたちは、標準化や序列化されることで、友人との非常に微細な差異に対して違和感や反感を抱くようになっているのである。これまでの論議を整理してみると、「むかつく」身体とは、さまざまな差異のある多様な身体をそのままで受け入れることのできなくなっている規格化・標準化された身体のことだととらえられる。

身体をも集合的に序列化してとらえようとする権力の基準点は、そのまま社会の基準点として定位されている。その基準点はしばしば社会の観念的な雛型、すなわちモデルとして存在している。現在の日本でいえば、病身よりも健康体、肥満体よりも痩身、貧乏よりも金持ち、女よりも男などにおいて、前者よりも後者に価値があるとされる観念的な雛型のことである。学校においてはこのモデルがより明確に規定されている。生徒手帳に列挙された規則をつなぎ合わせていけば、モデルとなる子ども像はおのずと浮かび上がってくる。人びとはそのようなモデルに向かって自己を適応させようと志向する。なぜなら、そのような社会あるいは学校においては、モデルからの距離がそのまま社会や学校への適応の度合いの表徴となり、その社会に受け入れられるか否かを決定することになるからである。このようなモデルは現実にはどこにも存在しない共同幻想として成り立っている。この共同幻想であるモデルに向かって自己を同調させていこうとすることを、ここでは「モデル化」と呼ぶことにする。そのようなモデル化は、そのために必須の身体技法を身につけることになるので、身体をもモデル化させることになる。そこでこれを「身体のモデル化」と呼ぶことにしたい。

このモデル化しようとする主体としての社会の成員や子どもが、たとえば障害をもって生まれたり、愚鈍であったりするといった理由でモデルから疎外されている場合には、モデルに適応しようとする志向性と、疎外の現実とに引き裂かれることになる。モデルに向かう志向性、すなわちモデル化とそこに到達することはほとんど絶望的だという現実は、子どもをして、「そのようなモデルを拒否して、社会からの落伍者になることはできない、そうかといってそのような社会のモデルを受け入れて、このまま何ごともなく適応してゆくこともできない」というダブル・バインドの状態に陥れる。この身体のモデル化によるダブル・バインドの状況こそ、子どもたちをむかつかせている社会的要因だと考えられる。だから、「むかつく」身体とは、身体のモデル化を強制され続けるという抑圧状況にあるにもかかわらず、それを我慢している身体のことだといえる。モデルへ向けて同調するように恒常的にかかっている圧力が子どもたちをダブル・バインドの状態に陥れ、それが結果的に子どもたちをむかつかせているのである。私は、「むかつく」子どもたちの身体には、このような身体のモデル化に内在する暴力の問題が、密接にかかわっていると考える。このようなダブル・バインドの状態を破って、モデル化のもつ暴力性が内側から外側へと外在化したものが、不登校や摂食障害などの自傷行為だと看做すこともできるだろう。

私は、このような子どもたちの身体的状況を克服する方法論として、「身体知」づくりの教育が必要だと考える。ここで語られる身体知とは、モデル化しようとする身体が必要とする身体技法のことではなく、さまざまな差異のある個別的な身体が、他のそのような身体と共に生きていくために必要する身体の知恵と呼べるような身体レヴェルでの知の営みである。ここで私は、子どもたちが身につけるべき身体知を代表するものとして、「非暴力・不服従の身体」を提案したい。非暴力・不服従の身体とは、「他者に対してむかつくことはあるがキレることのない身体・精神の自由を犯されることに対してはいかなる権威にも服従はしない身体」を意味している。次項で、「非暴力・不服従の身体」を育てる方法として大きな可能性を有していると思われるオイリュトミーを取り上げることにしたい。

3 身体芸術オイリュトミー

オイリュトミーってなに？

オイリュトミー（Eurythmie）は、シュタイナー教育の名前で知られるルドルフ・シュタイナーによって新たな身体芸術として創造された。オイリュトミー（Eurythmie）というドイツ語は、オイ（Eu）という「美しい」や「良い」を意味する接頭語とリュトムス（Rhythmus）という「リズム」を表す言葉から成りたっている。それゆえ、オイリュトミーとは「美しい（良い）リズム」を意味している。

オイリュトミーの出発点は、原初の言葉すなわちヨハネ福音書の冒頭「はじめに言葉ありき」にあるといわれている。シュタイナーによれば、この「言葉」は、私たちの生命を形成する力としてのロゴスのことである。彼は「人間は、われわれの目に見えるとおりの、完成された形態をしている。しかし、この完成された形態は、運動より生じて来た。この完成された形態は、自ら形成しつつ分離していく原形に由来する。運動は静止より始まるのではなく、本源的には、動けるものより静止がでてくる。そして、われわれは、オイリュトミーを修行することによって、原初の運動に立ち返る(13)」と述べる。オイリュトミーは、この根源的な生命の動きを私たちのなかで生き生きとさせる。

シュタイナーによれば、人間は腕や手の表現豊かな動きによって感情や感動を外に表すことができる。人間の身体運動はたんに生理学的な観点からのみ説明されうるものではなく、私たちの内面生活とも密接な関連をもっているものである。シュタイナーは、「腕や手によって表現できるものこそ、人間の内部を極めて高度にまで開示してくれるものである(14)」と述べ、身体の動きのうちでとりわけ手や腕の動きが人間の内面性を豊に表現する部分である

図 1

母音「A」の基本形姿　　母音「E」の基本形姿　　母音「I」の基本形姿

ととらえている。オイリュトミーは人間の身体のなかでもっとも表現力豊かな器官である腕と手による「言語」として創造された。

言葉のオイリュトミーは、言葉をフォルム（形）として身体全体で表現する芸術、すなわち「目に見える言葉（sichtbare Sprache）の芸術といわれている。私たちが母音や子音といった言葉を発生するとき、唇や歯や口蓋そして喉頭を通して息を吐くとき、そこではある種の空気が流れが形成される。通常では見ることはではないが、一語一語、一音一音の言葉が発声されるとき、そこでは微妙な空気の流れが形成されている。このような息の流れから見ると、言葉とは「空気の身振り（die Luftgebarde）」であるということができる。この空気の身振りを身体の動きによって模倣すると、言葉によって形成される空気の身振りは目に見えるようになる。したがって、言語オイリュトミーとは、言葉を発声するときにその器官が行なっている空気の身振りを、身体を使って表現しようとする芸術だということができる。

また、シュタイナーは、言語は「人間が魂の深みから取り出したものを、身体器官の助けを借りて外に伝達する表現形式[15]」であるとも言う。言語はあるまとまりとして意味をもつと同時に、言葉の一つひとつの音が「意味（言霊）」をもっている。オイリュトミーにおいて言葉の基本をなす母音は、魂の感情体験を表現していると考えられている。たとえば、母音の「あ」（A）は響きを表現し、両手を二つの方向に広げていく動きとして、「え」（E）は対象に対する抵抗や反感を表現し、右腕と左腕とを胸の前で交差させXを形づくる動きとして表現する。自己主張や進んで世界に出ていこうとする態度は「い」（I）で表現され、動きとしては右手は上方に左手は下方に伸ばす。これに対して、子音は自然のさまざまな造型作用を映し出している。「ふ」（F）では風が吹いていくように両腕を動かし、「ぶ」（B）では両腕で何かを包み込むような身振りをする。言葉オイリュトミーの動きは、言葉による空気の身振りを身体全体にまで拡げ、そのなかで私たちの内面や外界の造型作用を表現するものである。このような言葉のオイリュトミーは、詩や詩劇の朗読や朗唱と一緒に行なわれる。詩の朗唱に伴ったオイリュトミーをすることによって、詩の言葉は目に見えるものとして表現される。

オイリュトミーは、ダンス、舞踏のように内面の感情の表現だけで成立する身体芸術ではない。言語や音楽は思想や人間の内面性を表出する媒体であるにしても、それが文法や楽典という形式の上で成立するように、オイリュトミーは特定の「型」としての身振りのなかで表現される。シュタイナーは「オイリュトミーは詩や曲に付けられた即興的偶然的な身振りではありません。言語の内容を任意の音声によって勝手に表現することは不可能です。どのよう魂の内容にも特定の音声の継列が対応していなければならないように、即興的な任意の身振りではなく、まったく特定の身振りだけが特定の魂の内容を表現できるのです[16]」と述べる。オイリュトミーの動きは、「型」や「型への動き」と呼べるような身振り（言葉の身振りをラウト、音の身振りをテーネという）のなかで演じられ、それは発声や歌のように統一的有機体としての人間全体から感じ取られる合法則的なものである。どんな身体の動きも全身を使ってなされるように、オイリュトミーのラウトやテーネも単なる手や腕の動きや仕草ではなく、全身を使った型の動きとして体験される。

さらに、オイリュトミーの技法の特徴として、徹底的に目覚めた意識のなかで行なわれるということ、動きを徹底的に意識化することがあげられる。一つひとつの動きはできるだけ意識的に行なわれ、身体の動きのなかの無意識的な部分は排除されるように意図される。歩行やフォルムなどの動きは、意識の流れを途切ることなく、ひとつの流れとして体験することがめざされる。それは、身体を意識して動かすことや表現することのなかで、「からだ」と「こころ」とを調和的に結びつけていくことが図られているからである。

教育オイリュトミー

教育のオイリュトミーは、子どもたちをより調和した存在に育てて行くことを目的として行なわれる。ここでいう調和した存在に育てるとは、霊・魂・体あるいは精神・心・身体からなる存在としての人間を、その統一性と調和に向けて発達させることである。体とは、近代医学の対象である物質としての身体にとどまらず、東洋医学的な生きた身体までをも含む幅の広さをもったものである。魂とは、知・情・意、つまり人の心の営みのことである。そして霊とは、体や魂を越えた「いのち」を支える普遍的で根本的な働きのことを意味している。別の言い方をすれば、オイリュトミーによって子どもを調和した存在に育てていくとは、地上にしっかり足をつけながらも、過度に物質的にならないよう、また、外側の権威や規範にのみとらわれないよう、自分の内的な真実に従って、自由に生きていけるように人を育てることである。大人になったときに、熟慮してこうしようと決断したらそう実行できるよう、頭でこれをしてはいけないと思ったらそうしないように育んでいくことが、オイリュトミーの教育的な力である。

そのような教育的意義をもったオイリュトミーは、子どもの発展段階によって、それぞれ異なった方法で教えられている。たとえば、幼児のオイリュトミーにおいては、模倣をその方法論として、オイリュトミスト(Eurythmist)の動きを子どもたちが模倣することによって行なわれ、内容もメルヘンや童話など子どものファンタジーを喚起するようなものが採られる。学年が上がるに従って内容はより高度になっていき、詩や曲もより長くて重厚なものへ、ラウトやリズムなどもより複雑な形へと高度な技術やたくさん練習を必要とする作品が採られるようになる。

人の霊・魂・体を調和的に育てるために、まず幼児の段階で体の部分をしっかりと育むことが大切な教育課題になっている。小さい子どもを見てみると、手の先端や足の爪先にまで気持ちが流れていないことがわかる。幼児は自分の指と指とをくっつけることさえ容易ではない。親指と人さし指とをくっつけることならば、三歳児でもできるかもしれないが、親指と中指や薬指とをくっつけるとなるともう大変なことだろう。だから、オイリュトミーをすることによって、子どもたちの呼吸のリズムを整え、新陳代謝を促し、気持ちが手や足にまでいくようにすることが必要なのである。

学齢期に入った子どもたちは、模倣からだんだん自覚的な動きへと移行してゆく。子どもの言葉のオイリュトミーでは、韻律のある詩や文章が採られ、オイリュトミストによってその文章にふさわしく振り付けられた母音や子音の動きを繰り返し練習するようになる。そのような言葉の母音や子音の動きを練習することで、その言葉の響きや詩全体は視覚や聴覚だけではなく身体全体で体験される。そして、そのような言葉をオイリュトミーによって表現することで、子どもたちは運動能力とならんで芸術的表現の能力も発達させることができるのである。

さらに、教育オイリュトミーの重要性は、それをグループで行なうことのなかにも存在している。オイリュトミーの授業に際しては、個人で動くことと並んで、グループ全体や数人で動くことが重視されている。たとえば、グループ全体で円形をつくり、その円周上を全体で移動していく動き、七芒星形を七人で一度に移動する動きなど、何人かでひとつの作品を行なう。このようなグループでのオイリュトミーにおいては、子どもたちが他者の動きを感じたり全体との調和を図ったりすることや自己と他者との位置関係などを感じるとることが目的とされている。グループのオイリュトミーでは、子どもが個と全体の調和を身体のレベルで感じることや間身体的な感覚を育てることがその教育的目的としてある。

教育オイリュトミーの実践

ここではオイリュトミー実践の実際について記述する。これまでほとんど記録されてこなかったオイリュトミー実践について、具体的なイメージを提供したいと思うからである。

私はある地方都市で子どものオイリュトミーを教えている。そこに来ているりゅうちゃんは元気のよい五歳の男の子だ。みんなで円形をつくってオイリュトミーの時間をはじめようとすると、ちっともじっとしていないで部屋中をダッダッダと走り回る。つられて他の子どもたちもざわつきだす。オイリュトミーを始めるまでに十分近くかかってしまう。それでもなんとか円形になって、はじめの言葉を私が言いはじめる。

——頭はどこに、光の中に。足はどこに、大地の上に。手はどこに、心とともに。

オイリュトミーの時間は、子どもの場合でも大人の場合でもそのような言葉に基本の動きを伴わせることから始められる。動きそのものは両足を揃えて直立した状態から始まる。「頭はどこに、光の中に」という言葉で、背骨をさらにまっすぐ伸ばす。ちょうど植物が太陽の光りの方に向かってまっすぐに伸びてゆくように、背骨をしゃんと伸ばして頭を明るくする。つぎの「足はどこに、大地の上に」では、両足を広げてしっかりと大地をとらえ、自分が地上でしっかりと存在していることを感じる。そして、「手はどこに、心とともに」という言葉では、右手と左手との両手を使って胸の前のところでまるい形をつくる。かるく閉じた右手と左手の中指が胸の前の方で触れあうように円形を形づくり気持ちもまるくする。

しかしりゅうちゃんは、オイリュトミーの動きをするのが恥ずかしいのか、あるいは光度をおとした静かな非日常的な部屋の感じに居心地の悪さを感じているのか、ちっとも集中できない。はじめの言葉の動きさえやろうとしなかった。私は本人がオイリュトミーをやりたくないと言うのであれば、親が子どもにやらせようと思って連れてきていても、やらなくてよいと思っている。本人が嫌がっている状態では、いくらオイリュトミーに教育的な効果があるといっても、オイリュトミーをすることが辛い体験にしかならないからだ。

そういう意味では、りゅうちゃんはオイリュトミーそのものをやることを嫌がっているのではなくて、他のたくさんの子どもたちといるとそれだけで嬉しくなってはしゃぎまわってしまうといった感じだった。

しかしそんな態度が何回か繰り返されたので、私はりゅうちゃんと一対一でやることにした。つぎのオイリュトミーの時間、部屋には私とりゅうちゃんだけだった。なんで自分だけ独りなんだろう？　といった目で見つめるりゅうちゃん。今日はオイリュトミーを二人でやるからねっと私が言っているそばから走り回りだした。

「内的、精神的な関係が教師と子どもたちとの間を支配していなければならないこと、決して言葉による警告や熟練に頼らないこと[17]」が重要だというシュタイナーの言葉を思い出しながら、非常手段として私は彼をおんぶしてオイリュトミーをやることにした。そして、おんぶしたまま、はじめの言葉を唱えた。

――頭はどこに、光の中に。足はどこに、大地の上に。手はどこに、心とともに。

また、シュタイナーは、「正しい信頼感とに貫かれているならば、おそらくは一週間後、二週間後に、あるいはもっと後になって、たとえその間子どもからどんなに笑われ、からかわれていたとしても、望む通りの関係がきっと作られるはずです[18]」ともいっている。教師が子どもと信頼関係を築き、内的に結びつくことが教育における大切な課題というわけだが、オイリュトミーを教える場合においてももちろん大切なことである。

私は、他の子どもたちとやっていた「ホットケーキ」の作品を、向かい合ってやろうと思っていたので、おんぶしていたりゅうちゃんを背中から降ろすと、彼はまた走り回り出してしまった。仕方なく、私は「ホットケーキ」もおんぶしてやることにした。りゅうちゃんは背中で揺すられることが楽しいらしく、すこし動きがはげしくなってゆらゆらすると笑い声をあげる。「こういう形でならできるな」と内心で思いながら、りゅうちゃんと二人だけのオイリュトミーの時間を過ごした。

――ホットケーキは、フライパンから、ポンとはね、コロコロころがって、戸口から外へとび出ました。「あれまあ、どこへ行くの、ホットケーキ、おまち、おまちったら!」と、お母さんはさけびました。そして、片手にフライパン、もう片方にフライがえしをもって、ホットケーキのあとを追いかけました（「ホットケーキ」『おはなしのろうそく18』東京子ども図書館編）

おんぶしながらオイリュトミーをするというのは、手法として極端なものである。前項のところで述べたようなオイリュトミーからは、大きくかけ離れている。オイリュトミーとはもはや呼べないかもしれない。しかし、教育のオイリュトミーの前提として、子どもとの信頼をつくることが大切であるならば、そのような方法を採ることも許されるのではないかと思う。

そのようなやり方でのオイリュトミーの時間を二、三回過ごし、そろそろ新たな方法を考えなくてはならないなと思っていた頃、今度はりゅうちゃんの方から「ホットケーキ」をやろうと言ってきた。まるで、気持ちの地下トンネルがつながったようだった。

りゅうちゃんは自分で動いてみたくなったらしく、はじめの言葉から一緒に動いた。私の向い側に立ってホットケーキの「H」やフライパンの「E1」やポンとはねての「P」の仕草の一つひとつを一生懸命まねをしている。「ホットケーキ」の音から来る子音の「H」の仕草を、両腕を胸の辺りから大きく外側へ開く動きとして動いたり、ホットケーキが焼けてポンとはねての「P」では、両手を頭の辺りでひっくり返して、はじけるような仕草をしたりする。その「P」のときには、フライパンからホットケーキがはね上がって出ていくように、二人で一緒に飛び上がる。そして、ホットケーキが戸口から出ていくところでは、二人で向かい合っていたところから円周の方向に向きを変えて、りゅうちゃんが私の後ろをついて歩きながら「コロコロ」の「O」を両手を使って胸の前のところでまるい形をつくる仕草を一緒にした。

こうしたりゅうちゃんとの月二回のオイリュトミーがちょうど一年を過ぎたころ、りゅうちゃんのお母さんが「最近、幼稚園で少し乱暴じゃなくなったんです」と言ってくれた。以前は、みんなで遊んでいるときなど、自分の思いが通らないと他の子の言い分など聴かずに、すぐ手や足が出ていたりゅうちゃんが、最近は少し他の子の言うことが聴けるようになってきたと言うのだ。

りゅうちゃんの変容にオイリュトミーがどのように影響しているかを実証的に明らかにすることは難しい。また、そうするための手法を、私は持ち合わせていない。ただ、ひとつ言えることは、オイリュトミーという芸術行為のなかには、身体の感覚をひらきながら、音楽や詩の音や言葉を耳をすませて聴くことが、大事な要素として含まれているということである。

シュタイナーは、「耳を傾ける人間の行為の現れが、すなわちオイリュトミーなのです（中略）人びとはオイリュトミーを通して正しい仕方で耳を傾けることを学ぶでしょう[19]」といった言葉で、「見える言葉」といわれるオイリュトミーが、実は言葉を聴くことによって成り立つ芸術であることを示すとともに、そのような教育力への期待を表現している。

おわりに

すでに割り当てられた紙幅はつきている。なにか問題を「ちらかした」だけような形になってしまったが、終わらなければなるまい。

一般に身体知とは、実際に身体を動かすことを通して身につけられる知のことであるが、それを学校という組織化された制度の枠のなかでの学習として行なう場合には、どのような方法論で行なうかについて慎重に検討する必要がある。「伝統による国家、社会形成者の資質の育成」や「型の教育」の必要性が語られている現状に対して、本節では、それらと違った身体知の方向性を示すことができたのではないかと思う。

また、言うまでもないことかもしれないが、私が提案した「身体知」を育むためには、オイリュトミーなどの身体の教育だけではなく、他の教科教育も重要な役割を果す必要がある。それについて論じることは機会を改めなければならないが、最後に、ひとつだけ指摘しておきたい。それは、元来、身体知などというものは、それだけを対象にして教育できるようなものではなく、広い意味で総合的な学びによって育くまれていくものなのだということである。

（石川　治久）

註および引用文献

（1）齋藤孝『身体感覚を取り戻す』ＮＨＫブックス　二〇〇〇年、一一頁。
（2）杉本厚夫・勝見藤一「学校体育における身体観の変容」『京都教育大学紀要　No. 97』二〇〇〇年、五六―五七頁。
（3）同前論文、五七頁。

(4) 同前論文、五八頁。
(5) 齋藤孝『「ムカツク」構造』世識書房　一九九八年、五頁。
(6) 竹内敏晴『ことばとからだの戦後史』ちくま学芸文庫　一九九七年、三一頁。
(7) 同前『教師のためのからだとことば考』ちくま学芸文庫　一九九九年、一六頁。
(8) ビンスワンガー著、萩野恒一ほか訳『現象学的人間学』みすず書房　一九六七年、二〇〇頁。
(9) 文化人類学者グレゴリー・ベイトソンの用語、互いに矛盾するメッセージを同時に与えられた者が、ジレンマに陥っている状態。
(10) 大沢稔「女の子の方が疲れてる?」『教育と情報』平成一一年四月号、一四頁。
(11) 学校外教育研究会「中学生とストレスに関するアンケート98」『教育アンケート調査年鑑一九九九年　上』創育社　一九九九年、一五三頁。
(12) 芹沢俊介『子どもたちはなぜ暴力に走るのか』岩波書店　一九九八年、一八六頁。
(13) 高橋弘子編「オイリュトミーの世界」水声社　一九九八年、四〇頁。
(14) Rudolf Steilner, *Eurythmie als sichtbare Sprache*, Rudolf Steilner Verlag Dornach/Schwez. s26.
(15) ルドルフ・シュタイナー著、高橋巖訳『オイリュトミー芸術』イザラ書房　一九八八年、七三頁。
(16) 同前書、六四頁。
(17) ルドルフ・シュタイナー著、高橋巖訳『教育の基礎としての一般人間学』筑摩書房　一九八九年、一六頁。
(18) 同前書、一六頁。
(19) ルドルフ・シュタイナー著、高橋巖訳『教育芸術』筑摩書房　一九八九年、六九頁。

第二章　教育臨床知をつくる

第一節　子ども「相談」にみる心の成長発達

はじめに

教育相談機関には、さまざまな問題をかかえた親子が面接にやって来る。

一般に、親や中高生との面接では言語を媒介にしたカウンセリングが適用されるが、子どもとの面接では遊びを仲立ちにした「遊戯療法（プレイセラピー）」が用いられることが多い。これは、子どもにとって遊びという表現手段が身近でなじみやすいためである。子どもたちは遊びを介して葛藤や不安の感情をカウンセラーに向けて表出し、それを共有し合う体験を通して変容の過程を徐々にたどるのである。

子どもたちは「プレイ」という面接の時空枠のなかで、今そのときに起きている内的世界をさまざまな形で私たちカウンセラーに伝えてくる。一回一回のプレイだけではとらえにくい表現内容であっても、それを継時的に追うことによって、子どもが訴えている事柄の本質が見えてくるものである。一人ひとり別個のように見えるプレイについても、数多くの事例に横断的に接することにより、子どもの成長発達を普遍性のある事実として読み取ることもできるのである。

ここでは、子ども「相談」、とくに子どもとの「プレイ」という臨床場面の真相から読み解いた「臨床知」について論じてみたいと思う。

なお、ここで取り上げる事例については、秘密保持のため、本質に差し障りのない程度に事実が改変されていることを断っておく。

7　初めての来室（一〇歳／四年生九月）

亮くんが母親と一緒に始めて来室したのは、二学期が始まってすぐの頃だった。まだぽちゃぽちゃとした幼さを残し、頭のてっぺんから抜ける甲高いとんきょうな声を出して挨拶してくれたことをよく憶えている。いっしょに来た三歳年下の弟のことを「ぼくの妹」と紹介してくれたのだが、空想の世界で弟のことを妹と言っているのか、現実の世界で冗談として言っているのか、表情や態度だけからだと一瞬判断に苦しんだ。続けて、二人のやり取りを聴いていると、あくまでもからかい半分であったということがわかり、日頃の二人の世界を垣間みたようで微笑ましく思えた。

書棚のマンガを見つけて、ぺらぺらとめくると「クレヨンしんちゃんの二一巻ありませんか？」とたずねてきた。かと思うと、ふらっと隣の部屋に移動して、白板にゾウリ虫に似た奇妙な形や目玉のお化けのような形を描いて、「死んだ」とか「消えた」とか独り言を言ったりした。すると、亮くんに代わって弟が「昨日の夜、テレビで見たキャラクターだよ」と教えてくれた。弟の言語性の方が亮くんより上回っており、こんなやり取りになるのだろうと、家での兄弟関係や家族関係を想像してみたりした。

母親の説明によると、相談の主訴は友だちとのコミュニケーションがとりにくいというような内容だった。言葉の発達が遅かったために幼児期に療育園へ通ったこともあったが、就学時検診では特に問題はなかったという。だが、今でも話の内容は不十分で順序立てて話すのが苦手だというのだ。学校のことをたずねても「わかんない」という返事が多く、母親は気を揉んでいた。コミュニケーションについては、言語面だけでなく認知面でも気になった。母親が意地悪された友だちのことを「放っておきな」と亮くんに言うと、「ほっとくってなあに?」と聞き返したというのだ。人間関係の上で、厄介な他者からは距離を置くということが、いかなることなのかが亮くんにはまだ理解し難いことのようだった。

来室後にとった知能検査では知的発達は境界線領域にあり、特に言語面での発達が劣っていた。先生の話によると、漢字や計算はそこそこなすのだが、国語では読解が、算数では文章題が苦手で、どの教科のときも興味のない話には耳を傾けずに、自分の世界に入っていることが多いというのだ。家では、母親と宿題をしている最中に、できないとパニックになり暴れ出すようになっていた。

亮くんの行動の様子やこれら一連の話から、現実世界に背を向け、自己の内なる世界に入り込まざるをえない亮くんの気持ちが痛いほどに伝わってきたのだった。

2 進化する「プレイ」

亮くんは、小学校卒業までの二年七ヵ月の期間、相談室に通って来た。週一回のペースで、毎回一時間のプレイを一〇〇回ほど行なったことになる。

ここでは、プレイの過程を、その象徴的事実をもとに四期に分け、考察してみたい。

I ぺろぺろ期(一〇歳/四年生九月~一月)

亮くんに箱庭を見せると、棚に並んだ小玩具や砂に興味をもち、すぐにいじり出した。砂がきれいだったのが不思議に思えたのか、触りながら「これ砂? これ砂?」と確かめた。以後約五ヵ月間、毎回のプレイはすべて箱庭に集中した。

本来、箱庭療法では、砂の入った箱のなかに、人、動植物、乗り物、建物などの小玩具を置き、自分の思い描く自由な作品を表現するのだが、亮くんの場合は少し異なっていた。亮くんにとって、箱庭は作品を描く「キャンバス」ではなく、自分の遊びを表現する「砂場」に近かったように感じる。あるときには、対決の場となり、またあるときには、戦闘の場となる。まるで亮くん自身が「砂場」に入り、そのなかで砂まみれになって無心に遊んでいるようでもあった。

ぺろぺろ攻撃

箱庭でのプレイは、テレビのアニメ『ポケモン』をイメージした話が中心であった。いろいろな動物や恐竜が登場し、それぞれに備わった特殊な攻撃能力を駆使しながら、敵と一対一で戦っていくのだ。レベルが下がるとつぎの生き物へと替わり、戦いの物語が展開していった。時には、色や大きさを巧みに使い分け、敵との戦いに勝って生き物が進化していくこともあった。

ただ一連の話の展開といっても、そのほとんどが亮くんの表象のなかでの出来事である。自分の世界でプレイする亮くんは、両手に動物や恐竜を握り、箱庭の空間を使って実にリアルに戦いの模様を演じる。しかも、両者に成りきって掛け合うように言葉を発し、効果音を付け、ナレーターもといった具合にひとり何役もこなすのだ。話の内容は、よく聴き取れないこともあって、断片的にしか伝わってこないのだが、テレビアニメをイメージした亮くんの演技にはいつも臨場感が漂っていた。私は傍らにいて、生き物の声や効果音を亮くんと一緒に発する補助演技者のような役割を演じた。場面によっては、私にも話のなかに入り、一緒にプレイして欲しくあるようで、ちらっちらっと目配せをして、言って欲しい言葉を私に尋ねるように伝えてきたりした。たとえば、敵が攻撃されて苦しがっている場面では、「イタイ？　イタイ？」と私の顔をのぞき込み、話のなかに誘うのだ。それに対して、〈ウー、イッタイー！〉と呼応することで、すんなりと話のなかに導かれ、私も亮くんの世界の一員となれるのだった。

初期の頃、亮くんはヘビとイヌがお気に入りで、プレイのなかでこの二匹を必ず登場させていた。五〇センチほどの長さのヘビは、毒々しい赤い舌を出し、身をくねらせながら、今にもこちらに忍び寄って来そうな形をしている。しかもゴム製なので柔らかで、もった瞬間ひんやりとした感覚が伝わってくる。このヘビには、ぺろぺろ攻撃と巻き付き攻撃の秘術が備わっており、その力で恐竜などの強い生き物までをもやっつけてしまうのだ。一方、白のスピッツはお座りのポーズをして、可愛らしい舌を口から覗かせており、ぺろぺろ攻撃とかみかみ攻撃を駆使して敵と戦い合うのだ。

この二匹を両手にもってプレイすることもあった。ヘビがイヌをぐるぐる巻にすると、イヌはぺろぺろ攻撃で応戦する。普段でも甲高い声は、興奮のためにいっそう聴き取り難くなり、互いに攻撃しぶつかり合う瞬間には、「ガッキンッー！　ガッキンッー！」と詰まるような効果音を発し、自然に首も軽く振れていた。脇にいて茶色の犬を手にもつ補助演技者である私にも、具体的に「カンデッ！」「タスケテッテイッテ！」と要求を出してきた。亮くんの白イヌやヘビは、私の茶イヌと絡まり〈ガッブッ！〉「ガッブッ！」「グルグルコウゲキッ！」〈クッルシーッ！　タッスケテ！〉と攻撃場面が展開されていくのだ。側から見れば、戦いのシーンというより半ばじゃれ合いのシーンに映ったことだろう。

この頃の亮くんはといえば、学校でも、友だち（特に女の子）や友だちの物をなめたりして、クラスの子たちを閉口させていた。きっと周りからは、「汚い！」「よせ！」と強く注意されていたに違いない。ただし、幼稚園時代からの少しおとなしめの気の置けない友だちとは、相互関係が成り立ち、たたいたりしてふざけ合うこともあったようだ。「他の子とはそういう感じではないのに、その子とは対等のようです」と担任の先生が話してくれた。

この時期、子どもたちは大人から少し距離を置き、自立に向けての小集団を形成し始める。抽象的な語彙の習得も可能になり、友だちとの間には、より高度なコミュニケーションも成立し始める時期でもある。しかし、そのことが苦手な亮くんは、みんなと一緒にいたいという気持ちを友だちをなめる行為によって精一杯に伝えざるをえなかったのではないだろうか。そして、学校での満たされない気持ちをプレイの場で、素直に表出してみせたのだ。ぐるぐる巻き付くことによって粘着的な一体感を、ぺろぺろなめたり、ガップと噛んだりすることによって口舌期にみられるような愛着感を味わっていたように思う。

箱庭では、ヘビは「脱皮」「再生」の象徴としてとらえられているが、亮くんの場合も、数ヵ月間同じプレイを繰り返した後は、驚くほどにぺろぺろ攻撃の場面は減り、充足感に満ちた安定した状態へと変化していった。

Ⅱ　ピノッキオ期（一〇～一一歳／四年生一月～五年生二月）

年明けのプレイで、初めてピノッキオが「箱庭」に登場した。

微笑みかける一文字の口元、クリッと見開く大きな目、手足をちょっぴり広げ身体をやや左に傾かせ、ピノッキオはこちらに何かを伝えようとしているようだ。その人形独特の少しばかり大げさでぎこちないしぐさが、愛らしいユーモラスな感じを漂わせている。黄色の帽子に上着、黒のベスト、赤のズボン、青の蝶ネクタイに白の手袋と、とてもカラフルな服装をしたピノッキオが、やっと亮くんの目にとまったのだ。きっと、直観的に共鳴し合う何かを感じとったのかもしれない。亮くんの心情を投影したピノッキオは、場面場面でその役割演技を微妙に変化させていき、同時に、ピノッキオの登場によって戦いの場面の質も少しずつ変わっていった。

ピノッキオの登場からさほど時を置かずして、亮くんは卓球をしたいと言い出した。初めての来室の頃、一度卓球をしてみないかと誘ってしたことはあったが、それ以降は見向きもしないでいたのに。亮くんは、前半三〇分は卓球、後半三〇分は箱庭と自分のなかではそう決めたようで、結局、それ以来約一年間、判で押したかのように二つのプレイを繰り返した。これも、亮くんのものに対する一種のこだわりのように感じられた。

イ．主人公ピノッキオ

ピノッキオは、生き物たちとの一対一の戦いの場面に初めて登場した。雄々しいライオンに頭突きをされ、牙を剥いた恐竜からは地球投げ（大きく投げ飛ばす技）をされたピノッキオは、床にたたきつけられてしまう。亮くんはそれを見遣って、ナレーターのように「シンデル」と表現してみせた。そして、いくつかの場面展開の後、ピノッキオは再登場を果たし、今度はイヌを「セントウ　フノウ」にしてしまうのだ。

このセッション以降、プレイルームに入ると、亮くんはまず棚に置かれたピノッキオの所在を確かめ、手に取り安心してみせた。箱庭でのプレイには毎回ピノッキオが登場し、さまざまな話を繰り広げていったのだが、今考えると、ピノッキオが始めて登場したこの日のプレイには、つぎなるテーマへのメッセージがプロローグとして含まれていたのかもしれない。

ピノッキオは樫からつくられた操り人形であり、自我のもっとも脆くて弱い部分を表しているとされる[1]。「ぺろぺろ」に象徴される愛着行動の充分なやりとりを通して、他者である私が共鳴しうる存在であると確認できた亮くんは、さらなる再生への道筋をたどるために、自己の一番脆弱な部分を開示してみせたのではないだろうか。

亮くんは、ピノッキオを主人公にしたいくつかの決まった場面を時折再現してみせた。それはとても象徴的で意味深い内容であり、何度も繰り返すという儀式を経て、次第に「自我」を再構築させていったのかもしれない。

裸にされるピノッキオ

全身を鎧で包み、左手に楯を右手に矛をもった今にも襲いかかってきそうな洋風剣士が、ピノッキオを追いかける。亮くんは、左手にピノッキオを、右手に戦士をもち、「『ガッハッハッハッ！』ッテイッテ」「『マテッ！　マテッ！』ッテイッテ」と私に台詞を要求してくる。〈ガッハッハッハッ！〉〈マテッ！　マテッ！〉という私の声に合わせるように、戦士は矛でピノッキオを斬りつける。斬りつけられたピノッキオは、「ハダカ　イヤァーン」と言いながら、逃げ出してしまうのだ。なぜ亮くんは繰り返しこの場面を演じたのだろうか。幼児期の何らかの体験を再現してみせたのだろうか。いや、ただ単にアニメのお気に入りシーンに強く反応し、それをプレイのなかで再現させただけなのかもしれない。しかし、なぜピノッキオが、なぜ裸にまでさせられてしまうのだろうか。脆く弱い自我がこれ以上斬りつけられるのは残酷すぎる。しかし、亮くんはあえて素っ裸になることによって、真の意味でのルネッサンス（再びこの世に誕生すること）を成し遂げようとしていたのかもしれない。

先頭を行くピノッキオ

二列縦隊になり、かわいい小型の動物たちが右に向かって真っ直ぐに行進する。そして、それらの小型動物たちを引き連れて、それぞれの列の先頭を歩くのがピノッキオとキューピーなのだ。いつもは、アニメのバトルの場面を再現させたような動的なプレイが多い亮くんだが、従列する小型の動物たちを慎重に選び、箱庭の場面ができると、しばらく満足気に見入った。一列に六パーツずつ、列や前後の間隔も適度で、軽快さのなかに秩序が感じられる作品だ。自分がリーダーとなり、他者を引っ張っていきたいという亮くんの素直な気持ちが感じとれる。学校生活では、何かにつけお客さん扱いされ、その受動的な「おまめさん」役を受け入れているかのように見えるのだが、実は、亮くんの心の奥底には、リーダーという役割を担って、他者をリードしてみたいという熱い思いが眠っていたのだろう。

やがて、キューピーに替わり「ピノッキオノイモウト」が登場した。できそこないの小豆色のピーマンに黒い手足を付けた何とも風変わりでグロテスクな人形（おそらく何かのオマケの品ではないかと思う）なのだが、どことなく愛敬がある。手足がやけに大きく、足には巨大な赤いハイヒールを履いている。手には白い手袋をはめ、英語で「BE MINE（私のもの／あなたの心は私のものよ）」と書かれた赤いハートを小脇にかかえ込んでいる。ぼくもリーダーになってみたいという亮くんの切なる思いがこのハートに集約され、しかもその思いを従者である「イモウト」が共有してくれているかのようだ。希望を分かち合うよき理解者としての「イモウト」に向けられた信頼感が、傍らにいる私にも重ね合わされていたのだろうか。

サメの体内から吐き出されるピノッキオ

左手には薄く柔らかなビニール製のサメ（実際にはイルカの人形だが、プレイのなかではサメということになっていた）を、右手にはピノッキオをもち、亮くんは真剣だった。口を大きくカッパと開けたやや大きめのサメに、ピノッキオは難無く飲み込まれてしまう。サメの空洞の体のなかに、ピノッキオがすっぽりと入ってしまうのだ。すると、亮くんは私の顔をのぞき込むように聞いてくる。「タベラレナイ？」私が吐き出すようにしながら〈ペッ！ペッ！〉と言葉を返す。「タベラレナイ？」ともう一度繰り返す。〈ウーンマズイ！　コンナモノタベラレン！〉少し大げさに言い切る。こんなやり取りを何度も繰り返しと、亮くんは「ギャハッハッ」と笑い出すのだ。

確かに、ピノッキオは原作のなかでも恐ろしいサメに飲み込まれてしまう(3)。しかし、腹のなかで父ジェッペットじいさんとの再会を果たし、年老いた父を励まし支えながら、ともにサメの体内から無事生還するのだ。亮くんが、ピノッキオの話のなかで特にこの場面を印象的に憶えていて、無意識のうちに再現してみせたのかはわからない。だが、全てのプレイを通して、亮くんはピノッキオ人形のことを一度も名前で呼んだことがなければ、三人称で呼んだこともないのだ。きっと、プレイのなかでのピノッキオは、亮くんにとって自分そのものだったに違いない。

何度も繰り返された、サメのなかに飲み込まれ吐き出されるピノッキオの行為は何を意味しているのだろうか。それまで、人からそのかされてばかりいた操り人形ピノッキオは、意を決し、命がけでジェッペットじいさんを救うのだ。つまり、原作のなかでは、操られる存在から自立した存在へと変容する瞬間が凝縮して描写されている箇所なのだ。自我の形成を象徴的に表現しているこの場面をプレイのなかで何度も繰り返すことによって、純粋であるが、まだ脆弱のままの状態にある自我を、亮くんは自らの力で再構築していたのかもしれない。

ピノッキオ期では、ピノッキオを主人公にした特徴的なプレイのみが繰り返されたわけではない。引き続きぺろぺろ期のように、ゲームの世界さながらの一対一のバトルが繰り広げられた。だが、戦いの質は雑然から整然へと変化した。AチームとBチームに分かれての勝ち抜き戦で、しかも、それぞれの生き物は同じ攻撃ポイントを保有し、戦うことでそれがゼロになると負けになり、交代せねばならないという規則性がある。不思議なことに、まれにピノッキオが審判として加わることはあったが、戦士の一員であることはなかった。この戦いは、ルールに守られており、攻撃性の発露としての意味合いは薄い。思うに、箱庭のプレイにおいて、亮くんは投影の水準を自然のうちに二層に分割していたのではないだろうか。ピノッキオを主人公にした精神内界の深層と生き物たちの戦いによる精神内界の表層とに。

ピノッキオ期も最後の方になると、箱庭に登場するパーツは少しずつ適度な数にまで減っていき、簡潔な表現様式へと次第に移行していった。ピノッキオ期の最後になると、ピノッキオは、茶目っ気たっぷりのバッティング人形（これもオマケ品だろう）と遊びはじめた。二人でボートに乗って沖合いに出てみたり、ビルの屋上で決闘したりとさまざまな場面展開があった。

亮くんにとって、学校は決して居心地のよい場所ではなかったであろう。集団での学習は速く難しく、おまけに人間関係は複雑で理解に苦しむからだ。先生や友だちに合わせるしかなかった亮くんは、まさに学校という影の力に操られていたのかもしれない。箱庭で繰り広げられた亮くん作の「ピノッキオ」話のどれもが、亮くん自身が操られることから解放され、自らが人生の主人公になっていく成長の過程を物語っているように思われる。

ロ．プレイとしてのピンポン

亮くんは毎回ピンポンをしてから箱庭に移った。なぜ、このような順になったかわからないが、こうすることが亮くんの心身のリズムにかなっていたことは確かだ。そして、動から静へと、プレイの質的なバランスのよさに気づかされる。

ピンポンでも試合が好きで、いつも決まって白板にトーナメント表を作成することから、プレイが始まった。最初の数ヵ月間は、四人での試合だった。メンバーは、亮くんと私、そして残りはアニメのキャラクターなのだ。試合の場面で、亮くんは、ほどよい程度にキャラクターを演じていた。自分がいて、先生（私）がいて、友だち（キャラクター）がいて、こんな温かで賑やかな仲間集団を、亮くんは心の奥底で思い描いていたのではないだろうか。

この時期が過ぎると、八人からなるトーナメント形式となり、だいぶ試合らしくなった。参加メンバーは全員がアニメキャラクターとなり、亮くんが毎回キャラクターを選び、対戦相手を決めていった。早く三点得点した方の勝ちというルールも自分で考え出し、試合に合わせて、得点板をめくって点数を表示し、勝負結果もトーナメント表に書き入れていった。まるで亮くんが主催者となりゲームを運営しているかのようだった。

亮くんは運動神経は悪くないのだが、ルールを理解するのが苦手で、これまで球技を遠ざけてきた。たとえば、相手の打ったボールをワンバウンド後に打ち返えすというルールに対しても、長らく曖昧模糊とした意識のままだった。ルールの存在そのものを受け入れづらいようでもあった。それゆえ、勝敗の結果に自信がなく、しばしば私に「どっちの勝ち？」と答えを求めることがあった。

学校での体育でも同様のことがいえた。走ったり、跳んだりの個人種目には普通に参加できたが、ドッジボールやキックボールなどの球技についてはルール性が強かったために、自らの主体的な動きは制約され、友だちからの指示によって動くお客さんのような参加状態であったようだ。その上、団体競技であるがために、失敗を同じグループの友だちから叱責され、亮くんの球技に対する嫌悪感はより一層強まってしまったらしい。

確かに、ピンポンでのプレイの初期のころは、ボールをとらえ相手のコートに返すだけで精一杯の亮くんだったが、回を追うごとに、ボールの打ち合いが続くようになった。ゆっくりとして確実なボールでの打ち合いにはリズム性があり、この単純な反復動作が不思議と心地よく感じられた。「カコーン　カコーン」という音を介して、亮くんと対話しているかのようだった。

このようなやり取りを通して、亮くんの他者に対する疎通性は少しずつ高まっていった。毎週三〇分の継続したピンポンでのプレイを通して、共調動作（シンクロニ）が成立、深化したように思う。[4] 相手の身体運動に対応した共調動作、ボールの動き・音のリズムに合わせた共調動作、成功・失敗のときに発せられる言語・態度に呼応した共調動作、これら全体が統合されることによって、他者との身体的な情動的な疎通作用が機能しやすくなったと理解できよう。このことより、ルールに対する認知能力も自然に高まり、ルールを変えてまで相手に勝ちたいという意欲をのぞかせるようにまで成長した。また、同じ時期に行なわれた学校の運動会でのダンスや組体操も、母親の心配をよそに、集団に溶け込んだ調和のとれた演技ができたようだ。これらはすべて、亮くん自身が全身を使って学びとった成果なのだといえる。

亮くんはピンポンのルールを習得した後も、アニメのキャラクターによるトーナメント大会を続行した。ピアジェは、こどもの遊びの発達を機能的遊び、象徴的遊び、ルールのある遊びと三段階に分け理論づけたが、亮くんのピンポンでのプレイは、象徴的遊びとルールのある遊びの両側面を兼ね備えているといえる。[3] つまり、アニメの世界に身を置き象徴的な遊びの中心に安住していた亮くんが、ルール性のある遊びに興味を示し、他者との関係を受け入れはじめた過渡的段階としてもとらえることができるのだ。抽象的な遊びが個人レベルで閉鎖的に行なわれていると、ルールのある遊びへの移行が難しいのだが、亮くんの場合は、抽象的な遊びをルール遊びのなかに維持することによって、抽象からルールへの遊びの質的変換をスムーズにさせたといえそうである。

このように、ピノッキオ期では、ピンポンによる共調動作の体得とピノッキオによる自我の再構築とが、並行してプレイのなかで扱われ、両者が補完し合うように亮くんの成長発達を助長させたといえる。これは、亮くん自身が決めたプレイの内容構成の巧みさによるものであるが、プレイの質的均衡のよさを改めて考えるとき、亮くんの真正直な感性が為した技としか理解できないような、自然物としての人間が内在する普遍的無意識の存在を感じずにはいられない(5)。

Ⅲ　ごろごろ期（一一～一二歳／五年生三月～六年生一〇月）

ごろごろ期に入る直前にこんな事件があった。体育の授業中に、亮くんが友だちに肘鉄砲をくらわせ、唇から出血させてしまったというのだ。当日二人とも見学をしていたのだが、友だちのちょっかいに、亮くんは自分の気持ちを言語化できずに、手が先に出てしまったようなのだ。もっとも後から先生が亮くんを呼んで事情を問い正しても、理由ははっきりしなかったらしいのだが。母親の話によると、図工の授業などでも、自分の好きなように製作している間は集中しているのだが、先生が指導しようとすると「うるさい、黙ってて！」「あっち行って！」と拒絶するということだった。

ピノッキオ期の最後のこの頃に、亮くんがさまざまな形で自己主張を始めたことは興味深い。ピノッキオの原作のなかにも、同じような話「ピノッキオとものいうコオロギ」があり、冒頭には、「いたずらこぞうというものが、じぶんよりよくものを知っている人たちからお説教されるのを、どんなにいやがるものかが、わかります」と教訓めいたことが書かれている。

学者コオロギが学校に行かずに気ままに暮らすことを仕事にしようとするピノッキオを嗜め、こんなことまで言い出すと、さすがのピノッキオも我慢の限界に達してしまう。

——「そんなことを仕事にしているものは、たいていいつも、しまいには、慈善病院にいれられるか、ろうやへぶちこまれることになるものだ。」

と、ものいうコオロギは、あいかわらず、しずかな口ぶりでいいました。

「やいやい。えんぎでもない、この、くそコオロギめ。あんまりぼくをおこらせると、ひどいめにあうぞ。」

「きのどくなピノッキオ。わたしは、おまえがかわいそうでならん。」

「ぼくがかわいそうだとは、どういうことだ。」

「なにしろ、おまえは木の人形だ。そのうえ、わるいことに、脳みそまで木でできているんだからな。」

このさいごのことばをきいて、ピノッキオ、思わずかっとなってとびあがると、仕事台の上から木づちをとりあげ、ぱっと、ものいうコオロギめがけてなげつけました。

物事の道理を自分が一番心得ているという自負があるコオロギ先生は、ピノッキオのことを心から心配し、あれこれと忠告するのだが、実は、ピノッキオの心の内をまるで理解していないのだった。

ピノッキオ期からごろごろ期への移行は三セッションほどの間になされた。いつもどおりの三〇分の卓球の後、箱庭を一五分と早めに切り上げ、何も言わずにマンガの置いてある部屋に移動するというパターンが数回続いた後、「鼻風邪をひいた」ことを理由に箱庭も卓球もまったくせずに、マンガだけを読み続けたセッションがあった。これを境に亮くんは完全にごろごろ期に入っていったのだ。

はじめのうちは、箱庭や卓球に飽きマンガに興味が出てきたことによる一過性の現象かと思っていたのだが、毎回マンガだけとなると私もいささか心配になった。亮くんの場合、マンガといっても、興味のあるマンガの興味のあるページの絵をじっと見て、そのあと吹き出しの部分をじっくり読むというふうだった。そして、自分が気に入った場面は、何度も何度も確かめるように繰り返し読んだ。プレイをしていても、突然お気に入りの場面を思いだし、私に説明し、同意を求めたりすることがあった。プレイのときにはなかったが、学校では独語があり、アニメやマンガの世界に浸ることもあったという。

マンガ読みは続行された。最初は椅子に腰掛け読んでいたのが、次第にカーペットにごろっと寝そべって読むようになった。学校や家でのストレスを癒すかのように、亮くんは毎回ごろごろを楽しみに来室し、実に心地よさそうだった。もうそのころになると、少しでも会話をしなければという私の焦りは消え、満足気な亮くんの横で気楽に読書を楽しんでいた。実は、亮くんにとって、ここ（相談室）で一番したかったことは、マンガを見てごろごろすることだったのではないだろうか。こちら（カウンセラー）が受け入れやすいプレイとしての箱庭やピンポンではなくどちらかといえば、お遊び的な真のイメージの強いマンガがテーマとして選ばれたところにこの期の意義があるように思う。しかもごろごろは非生産的で、無駄な時間の象徴でもあるのだ。

ごろごろ期の亮くんには蛹に近いイメージがある。これまでたっぷりと活動した幼虫が羽化のために繭のなかで、そのときを待つのだ。一見、無意味のように思われる時間だが、変態のためには絶対に欠くことができない期間である。プレイの場では蛹のごとくほとんど変化のない亮くんだったが、家では少しずつ変化の兆しが現れていた。それまで会話はおもに母親からの質問で成り立っていたのだが、この頃になると、亮くんが自分から話に加わってくるようになり、会話が成立しはじめたというのだ。そして、母親も学校での保護者会で亮くんの事情を進んで話すようにまでなっていた。

まさにこのごろごろ期は、亮くんにとっての譲成期であったといえる。

Ⅳ　パンチ期（一二歳／六年生一一月〜三月）

半年以上の間、ずっとごろごろばかりで、特に目立った活動をしなかった亮くんだったが、やがて少しずつ変化が見られるようになった。ごろごろに並行して、ボクシングに似たプレイをしはじめたのだ。はじめはグローブやマジックテープの付いたミットを使ってのプレイだったが、そのうち素手になった。アニメのキャラクターの攻撃技をモデルにした試合で、とにかく亮くんは強いのだった。時には、私に「掛かってこい！」と勇ましく振る舞うのだが、打ち合いのときには力を加減することも忘れなかった。母親の身長を少し超した亮くんからは、いつもの甲高い声に、突如低音のうなり声が混じるようになった。亮くんはいつの間にか思春期の入り口に立っていたのだ。ボクシングの基本姿勢は、足裏で体全体のバランスをコントロールし、膝を適度に緩めながらも二本の足ですっくと立たなければならない。しかも、他者とのほどよい距離感を保ちながらだ。亮くんがとったこの柔軟で軽やか姿勢は、象徴的な自立のポーズのように感じられる。

パンチ期の終わりの頃、亮くんは一度だけ箱庭でプレイをしたことがある。久しぶりとあってか、部屋に入るとまずピノッキオを探し、懐かしい友と出会ったかのような表情を見せた。ピノッキオの話の最後は、こう締めくくられている。

――「もとの、あのピノッキオは、どこにかくれちゃったの？」

「ほらそこにいる。」

と、ジェッペットじいさんはこたえました。そして、いすによりかかっている大きな木の人形をゆびさしました。みると、木の人形は、首をかたいっぽうにねじまげ、両うでをだらりとさげていました。足は二本とも、くねっとまがって、からまっています。これで、いままで、よくまっすぐに立っていられたなあと、まったくふしぎなくらいです。

ピノッキオは、ふりむいて、しばらくそれをじっとみていました。が、しばらくながめてから、いかにもうれしそうに、ひとりごとをいいました。

「あやつり人形だったときのぼくったら、なんておかしなかっこうだったんだろう。でもいまは、いい子になれて、うれしくてたまんないや。」

決して、あやつられる存在としてではなく、賢く生きる社会的存在として生まれかわることができたのだ。ゆったりと自分流に脱皮していった亮くんにとっても、このプレイの課程は、きっと「うれしくてたまんない」経験であったに違いない。

エピローグ

亮くんは知的障害学級に進学した。学校が遠くなり、帰宅後の来室が難しくなったために、私とのプレイは終了した。

夏休みには母子で相談室を訪れ、近況報告をしてくれた。黒く日焼けしたがっちりとした体つきからは、少年から青年への変化が感じとれた。この夏には、個人メドレーの検定に合格し、一級の認定証を手にしたばかりであることを亮くんが一番に報告してくれた。小学校一年生のときに、友だちから誘われて通いはじめた水泳教室なのだが、忙しさを理由に辞めていく仲間をしり目に、結局高学年まで継続し結果を出せたのは亮くんだけだったのだ。他者に同ずることなく、好きなことに淡々と向かうことができる亮くんの特性が、良好に作用するとこんなにも見事な結果に結実するのだということを改めて思い知らされた。

母親によると、週末は家で父親と一緒にごろごろしていることが多いということだ。中学校生活では、亮くんがクラスのリーダー的存在となり、その緊張感からか家では何もせずにのんびりと過ごすことが増えたようだ。クラスをリードするという役割を担う亮くんは、任務に対する責任や成し遂げる喜びを肌で感じとっているに違いない。

そんなこともあってか、家でもお手伝いだけは進んでするのだという。率先した気持ちのよいお手伝いには人から信頼され感謝される仕事へと道筋が描かれているようでならなかった。

おわりに

プレイを振り返ることのよって、亮くんの心の成長発達の様子が予想以上に鮮明に見えてきたことは、私にとっても驚きであった。もちろん各期ごとに亮くんの心情が分断されたわけではないが、大きなうねりにも似た内的変化が亮くんに湧き起こり、ひとつのうねりから次のうねりへとの見事な展開が図れたことは紛れもない事実なのだ。こだわりがなくなるまでとことん同じテーマについてのプレイすることを通して、こだわりは減り、無に近い状態からまた新たなる心的なうねりが湧き上がってくるのではないだろうか。亮くんの場合は、簡潔に凝縮された無意識領域のテーマをゆっくりとした速度でじっくりと表現してくれたためにそのことが継時的にとらえやすくなったのだ。

亮くんには、逃避できる内的世界があった。現実世界から隔絶されたアニメの世界では、トオル自身が主人公となり、自由気ままに振る舞えるのだ。学習や人間関係の場面で心理的に困難な状況に直面すると、自分の世界に逃げ込み情緒的な安定を図ったのだろうが、適応のバランスが一時に保たれるとしても、自閉的な傾向がますます深まってしまうことも考えられた。しかし、亮くんはプレイすることによって、内在化された無意識なるテーマを外在化し、私との共有化を実現させた。たとえば、ピノッキオとの箱庭のプレイでは、亮くんの内的世界が主人公のピノッキオに投影されることにより、「操られることから自立へ」というテーマが外在化され、私とのプレイによってこのテーマが他者と共有化され、深化していったということになる。自分の世界に入り込もうとしていた亮くんは、「プレイ」という守られた時空枠の恩恵により、外界との疎通性を高め、自己再生を図ることができたといえるだろう。亮くんにとっての「プレイ」は内界と外界を繋ぐ装置としてまさに機能していたことになる。いつも決まって「はねだ先生いますか?」と言って来室した亮くんの張り切った口調を思い浮かべると、(いっしょに遊ぼ　ぼくとの世界で)というメッセージが込められているように思えてならない。亮くんにとっての「プレイ」とは、かぎりなく遊びに近い、他者との世界であったに違いないのだ。

(羽田行男)

参考文献

(1) 村瀬嘉代子「ピノキオから少年へ」『子どもの心に出会うときー心理療法の背景と技法ー』金剛出版　一九九六年。
(2) カルロ・コルローーディ著、安藤美記夫訳『ピノッキオの冒険』、福音館書店　一九八五年。
(3) J・ピアジェ著、大伴茂訳『遊びの心理学』黎明書房　一九六七年。
(4) E・T・ホール著、岩田慶治・谷泰訳『文化を越えて』TBSブリタニカ　一九九三年。
(5) G・G・ユング著、林道義訳『心理療法論』みすず書房　一九八九年。

第二節　看護教育のカリキュラムづくり

―母性実習を通して生命から学ぶこと、考えること―

はじめに

――女性は母親となるこの一瞬に一生分の力を振り絞るのではないかと思うほどの力強さでした。その末に誕生する生命だからこそ、尊いものだと思いました

――世の中にいる人すべてが母親のお腹から生まれてきたという事実に、改めて生命の不思議さを感じる。世の中に生まれたときから悪い人なんていないような気がしました

これは学生が出産を見学したあとの学びである。初めて見学した生々しい場面において、多くの感動と同時に生命の尊さと素晴らしさについて心から感じたことを表現している。また、生命の尊さは母親のもつ力強さや、安らぎを通して感じているところに学習として大きな意味をもっている。

一方、看護をめぐる社会問題として、大きく取り上げられている少産少子の定着は、あらゆる分野に影響をもたらしている。たとえば、核家族化にともなう子育ての困難さ、兄弟数の減少にともなう子育ての経験不足、結婚の高齢化と高齢出産が招く妊娠・分娩時の異常の発生、価値観の多様化、安易に成立していく若年妊娠と結婚、そして増え続ける一〇代の妊娠中絶など、これらが日常の生活において発生しているところに問題がある。

（一）

母性看護学実習とは何か

カリキュラムの改正が実施され、従来の母性看護学実習（以下母性実習）と異なり、実習時間も二一〇時間から一三五時間に短縮された。つまり、これまで行なわれていた保健所等の実習を削減し、それぞれの看護学の科目と同時に母性実習も独立した科目として位置づけられた。しかし、「母性看護学実習」では女性の生涯を通した学習のなかでも、妊娠・分娩・育児を中心とした周産期の実習しかできないのが現実である。本来は、女性の生涯を通して、健康の維持増進、病気の予防など、母性の観点から健康の状態に応じた援助の実践を行なうことが理想である。そのために、生命誕生の場面にかかわることを、自らの母性[1]を認識し、生命の大切さや母性の尊重について自己の考えを深めるための機会としている。

(1) 母性実習の目的

妊娠・分娩・産褥期における母親、新生児およびその家族を含めた健康状態を査定し、看護の対象の個別的な援助が実践できる能力を習得する。

(2) 母性実習の目標および内容

母性実習は主に妊婦の看護、産婦の看護、新生児の看護、褥婦[2]の看護の四つのパートから成り立っている。

「妊婦の看護」では、妊娠による身体的、心理・社会的な特徴をはじめ、正常な妊娠を継続していくための援助とその意義について理解させる。その学習内容は、産科の外来において二～三例の妊婦を選択し、診療の開始から終了までの観察をさせることである。具体的には、妊婦の身体的、心理・社会的な変化の観察、胎児の発達過程と妊婦とのかかわり、妊婦の健康診査および保健指導の見学を内容としている。

「産婦の看護」では、分娩各期の産婦を心身両面からとらえ、それに対する援助の必要性を理解させる。その学習内容は、分娩見学を通して産婦の心理をはじめ産痛の緩和[3]や呼吸法[4]など、分娩各期に応じた援助の実践をねらいとしている。特に、生命誕生にかかわる母性の重要性と、その役割についても理解させる。

従来から、分娩件数が減少したことや、実習人数が多すぎることなどで問題になっていた分娩見学では、学生全員が最低一回は見学できることを目標とした。また、分娩見学を通して援助してきた産婦を、分娩後も引き続いて同じ学生が受け持ち、退院するまで援助できるように実習内容を変更したのである。

「新生児の看護」は、新生児の生理的な特徴の理解および必要な観察と育児技術の実践ができることである。特に、新生児の健康状態のアセスメントを実践できることをねらいとして、一名の新生児を退院まで受け持つことを実習内容としている。

「褥婦の看護」では、産褥経過の理解や母子関係および母乳栄養の確立についての援助が実践できることをねらいとしている。その実習内容は、分娩の見学から引き続いて受け持った産婦の、退院までの看護計画を立案し実践することである。ここでは、対象の個別性に応じた援助の実践と自己の母性観、看護観を深める機会としている。

母性実習の問題と実施

つぎに実習内容の問題として主に以下の五つのことがあげられる。

(1) 実習を行なう学生の年齢は一八歳から一九歳の未成年者であり、無資格者という悪条件のなかで生命にかかわる実習を行なうことである。「未成年とは、法的定めの解釈にすぎないが、人間として成長・発達する時期であるだけに、過大な社会的緊張や責任を負わせるべきではないことも教えている。さもなければ、人格形成上、それ

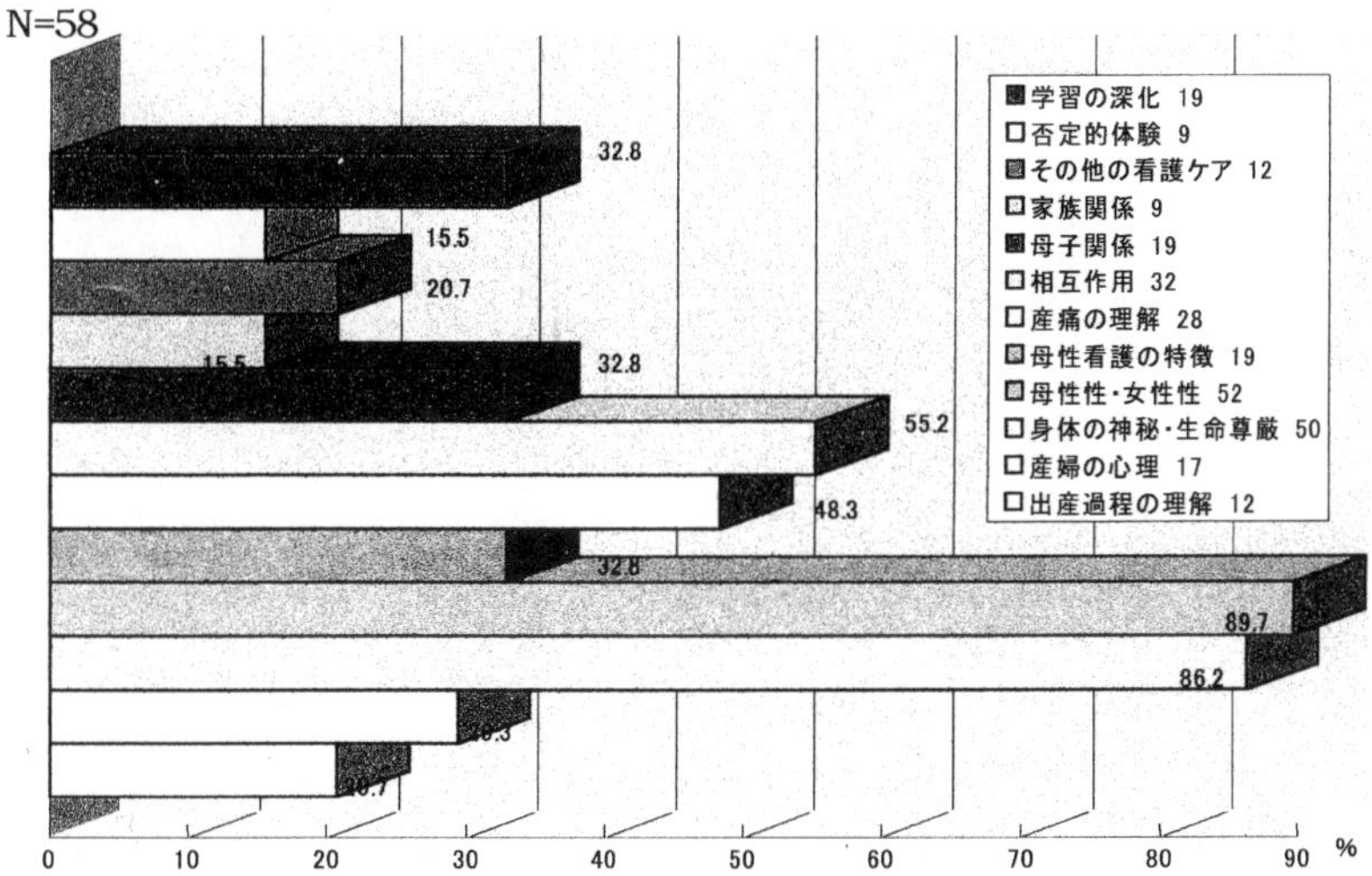

図 1 学習内容のカテゴリー化

なりの歪みをもたらさないとも限らない[5]」とあるように、重要な発達課題の時期にある学生たちを、実習という実践方法で学習させなければならないのは看護教育の宿命である。

(2) 周産期実習のなかでも、分娩から退院に至る継続した受け持ち制の実習が困難であり、(3) 母親の入院期間が短いため（約五日間）、分娩による身体的な変化の速さに学生がついていけない、(4) 分娩は全員の学生が見学できないことがあり、(5) 何らかの障害や疾病をもたない健康な母親の、セルフケアを生かした援助の実践ができない等の問題をかかえながら実習をしている。

受け持ち制の実習が困難なことについては、分娩件数が減少している上に、実習施設が大学病院であるため、正常分娩よりはむしろ、緊急を要する異常分娩[6]が多いこともその要因になっている。また、入院している母親も正常に分娩が経過すれば、短期間で退院に至る。時には分娩後三日目に受け持つ場合があるため、学生は二日間で母親の情報を収集し援助の計画を立案しなければならない。したがって、学生は暗中模索の状況で援助を行なうケースも生じるのである。

分娩見学においては、自然分娩は少なく大半は計画分娩であるために、分娩の経過中に異常が発生し帝王切開になる場合も少なくない。すなわち、正常分娩を見学することは、母性実習においては困難なことのひとつである。[7]

また、母親の健康の状態が判断できず、要求のすべてに応えていける援助を実践していくことが看護であるような錯覚に陥るようである。しかし、その反面母親とのコミュニケーションは円滑に結ばれ、よりよい人間関係を形成できるのである。つまり、母親のできないことを一方的に援助するのではなく、互いに対話と同意を確認しながらかかわっている。

したがって母性看護学は、生命の再生産を繰り返す連続的なものとし、女性の生涯にわたって健康に焦点を当てて展開していく看護の一領域である。「女性の子産み・子育てが、単に国のためとか、子孫や人類の繁栄の為ではなく、むしろ生命の流れに畏敬の念を抱き、女性にとって子産み・子育てのプロセスが最も輝かしく、意味ある体験となることを目的としている」[8]。したがって、子を産み育てる視点から、女性の一生にわたる健康管理のあり方を基盤に、援助の方法を学ぶ科目として位置づけた。そして、母性看護学を学ぶ学生の一人ひとりが次代を担う後継者として、母性を肯定的に受け止め、人間的に成長できる学習をねらいとした教育内容を展開している。

四七名の学生が経験した分娩見学の例数は、経膣分娩四七例、帝王切開分娩一一例、合計五八例である。したがって、分析の対象とした五八例の記録から取り出したデータの総計は二七八個、一例の産婦の実習につきデータの平均は四・八個であった。学生の出産場面の記録を一二のカテゴリーに分けて分析してみると、つぎの四つが高い数値を示した。すなわち「母性性と女性性」五八件中五二件（八九・七％）、「身体の神秘と生命尊厳」同五〇件（八六・二％）、「相互作用」同三二件（五五・二％）、「産痛の理解」同二八件（四八・二％）の四項目である（**図1**）。

一般に出産場面の学習には、人間の価値や尊厳、看護の基本概念、看護実践などの学習があるといわれている。この四つのテーマに沿った学生の主な記録をもとに教育の評価を実施した。

母性性・女性性を再確認する

学生も性同一性の獲得期にある女子短大生であり、母性実習で受け持つ産婦は学生よりも年齢が高く、社会経験や生活の基盤をすでにもっている人たちである。妊娠・分娩によって産婦がどのように変化し、どのような価値観をもって生きているのか、学生は産婦を通してその人生観に同性としてかかわっていくのである。その結果、学生は自分の母親との関係を振り返りながら、自己の存在意義を確認し、女性として母性としての認識をさらに深めているようである。

学生が重要な学習内容のひとつとして取り上げた母性性・女性性の学習例はつぎのような内容が記述されていた。

――母性に生まれる前から形態・機能に特徴が備わっているが（ママ）、それを単なる形や働きとして受け止めるだけでなくどう深めていくか、また高めていくのかあらゆることが関わってくると思われる。そこには、その人の育ってきた環境・そして培われてきた文化的、社会的な価値観やその人の性格と言われるものなど、いろいろあると思われる。人間は種族保存の本能をもっているけれども、そこにその母性の尊重や相手である男性の父性を尊ぶ心がかみあっていなければ、出産を喜び生命の誕生を祝う気持ちにまでは至らないであろう。その時代時代でそれぞれの生活に合った母性や父性を個別的に発達させていくように育っていく。やはりその根底には生命を尊ぶ気持ちがなければならないと思った

学生は授業を通して学んだ基盤の上に、産婦とのかかわりのなかから自己の母性も明らかに肯定的に受容している。洞察力が非常に素晴らしいのは、根底的に生命を尊重すること、平等に愛情をもって接すること、そして自分と同じように他人も感情や喜びを感じながら生きていることを認識することによって、人間としての価値を創造で

きることに気づいている。短時間のなかでこれだけの気づきができる学生は、実の母親との良好な人間関係も自然に成立していることが推察される。また、よい人間関係を通して産婦自身から学んだことが大きく学生を変容させたと考えられる。

母性性と女性性の主な学習例を考察すれば、母性の発達段階の特徴としていくつかあげられる。その特徴のひとつはすべて青年期の女子短大生であり、二つ目の特徴は、学習例のすべてにおいて母性を肯定的にとらえていることである。すなわち、高校生から短大生までは母性を肯定的に受け止める時期と述べているのと一致していることである。しかし、まったく異なる点は、看護婦という職業を目的にした女子短大生であること、母性実習という臨床の場で実際に体験学習を行なっていること等があげられる。

したがって、単なるイメージだけで学習したものでなく、同性の産婦とかかわるなかで築いてきた学生の真剣な学びである。学生はこれから母親になる女性を前にして、援助というよりもむしろ母親になろうと努力している生き方に深く感銘を受けている。つまり、母性実習は産婦を通して母親になることの素晴らしさを実感するとともに、学生自身の母性をより深く認識できる場であると考えられる。

現代は、女性の教育水準や意識の向上によって、男性と同じように社会で活躍する女性が年々増加する傾向にある。つまり、以前のように子どもは授かりものであった時代は終わり、子どもを作る、家庭をつくる時代へと変化したのである。また、育児ストレスの内容や割合および子どもの成長によっても、母親は大きく変化することを認識しておく必要がある。前述の学習内容が示した「母子関係」五八件中一九件（三二・八％）、「家族関係」同九件（一五・五％）という低値は、上述した内容の必要性をさらに裏付けている（**図1**）。このように母性性・女性性は女性の独自のものではなく、母子関係および家族関係を含めてとらえることが重要であり、これからは家族に目を向けながら授業の展開をしていくことの必要性が示唆されたのである。

身体のしくみと生命の尊さの不思議

母性実習の生命誕生の場面においても、そこに至るまでさまざまな方法で妊娠が成立している。したがって、どのような方法で妊娠が可能になるにしても、ひとりの生命をどのように育み、慈しみ、誕生させていくかという看護婦の生命観（生命をとらえる基準）や死生観（死に行く生命の基準）が大きく影響をしているように思われる。

学生が身体の不思議・生命尊厳において学習例としてあげたものはつぎのような学びである。

――生命の誕生をコントロールできる今、少しずつ生命に対する考え方が変わってきているし、私のめざす看護婦という立場からも柔軟に受け入れ方が求められているかも知れないが、この体験から得た感動、それが生命を尊重していくことと自分が感じ、それを大切にしていきたいと思ったことを忘れずにいたいし、改めて自己に問い直す機会となったことに感謝した

人工的に生命の誕生までもが左右される昨今、生まれるまでのプロセスよりも結果がよければよいとされる傾向が見られる。しかし、せめて自分が見学した生命の誕生の感動と共に、生命を尊重していくことを忘れない看護婦をめざすことを学生は改めて感じている。具体的な記述がないため分析していくには限界があるが、分娩を見学して感動しただけでなく、改めて自己を問い直すという点から見れば、このような劇的な出来事が学生に変容をもたらすものであったと考えられる。

――さらに赤ちゃんの誕生はお母さんの子供を産む痛み、苦痛をがまんさせることもできる。たった一つの生命の誕生でお母さんだけでなく、いろいろな人を優しい気持ちにさせる。赤ちゃんの影響はすごいなあと思った

学生は素直に自分の感じたことを表現している。この産婦の陣痛の痛みや苦痛を観察しながら、産婦が必死に乗

り越えようとしている姿から抱いた学生の思いである。それに加えてスタッフおよび家族など産婦にかかわる人間関係を観察しながら、出産はいろいろな人を優しい気持ちにさせると表現したように思われる。特に、周りの人たちが産婦を励ましたり、勇気づけたり心から対応している様子が理解できたのではないかと考えられる。ここでの学生の創造性は赤ちゃんの影響力と表現していることである。産婦を励ます、勇気を与えるなどはスタッフからみれば当たり前のことであるが、赤ちゃんによって周りの人びとが優しくなるという微笑ましくなごやかな雰囲気を感じ取っている。

「身体の神秘・生命尊厳」という学習内容が上位に取り上げられたことは、他の実習場所と異なり瞬間的に生と死にかかわる実習を認識できたからである。特に学習例として提示した例は生命の誕生という「生」を中心に分析しているが、生命尊厳の意味からとらえるならば「死」をどう見ていくかということも含まれなければならない。

西洋の人びとが死と対決しながらも生に執着しない反面、日本人は死を運命的にとらえながら、いかに安らかに迎えるかということを思索してきた。したがって、母性の領域における死の場面としては、人工妊娠中絶によって受精まもない生命を抹殺したり、分娩経過の途中で児が亡くなったり、生後に突然亡くなる場合などが主にあげられる。これらは家族として生活を一緒にしないまま亡くなっているために、一時的な悲哀や執着などが見られるが、成人した者が病気で亡くなった状況と比較すると大きな落差を感じることがある。つまり、日本人の心の深層には病気に侵された身体への死の悲哀は強く現れるが、老衰等の死は苦しまない安らかな死と受け止め、あるいは長寿への喜びに転嫁してとらえることにより、死は忌み嫌うことではないということを示唆している。つまり、

――死は人間が睡眠によって明日への活力を蓄えるように、次なる生への充電期間のようなものであるとも考えられる(9)

――死は単なる生の欠如ではなく、生と並んで、一つの全体を構成する不可欠の要素なのであります。その全体

とは『生命』であり、生き方としての『文化』であります[10]

――生命の尊厳という調和のある関係性は、殺してよい生き物と殺してはならない生き物といった時に敵対し反目する現象界の表層ではなく人間の殺す心を殺すという釈尊の縁起観にもとづくものである[11]

とあるように、死を排除するのではなく死を凝視していくかかわりが、これからの看護にさらに深く求められてくるのではないだろうか。すなわち、人間と人間の連帯こそが大きな意義を生みだすことを示唆している。したがって、看護を必要としている人びとの「尊い生命」に慈悲の精神でかかわる重要性を看護者として認識すると共に、生命観、死生観の確立をめざした看護教育を今後の課題としたい。

（二）

相互作用のもたらすもの

看護は常に「人間」を中心に直接的・間接的なかかわりを通して人間関係を確立している。看護婦が関係を結ぶ人びとには、病気の人、健康な人、そしてその家族や治療に関連するパラメディカルな分野の職員たちである。つまり、人間対人間の相互関係はその過程における一段階である。この人間対人間の関係を確立することを通して看護の目標は達成されるのである。日常の生活においても「他者を思いやる心や優しさ」は必然的に人と人を結ぶ重要な意味をもっている。自分が他者を思う心があれば、他者の思いやりも感じるものである。人間対人間の関係を基盤にしている看護においても、特に相互作用（励まし・共感等）は関係性の出発点である。

産婦と相互関係を確立するプロセスとは産婦に必要な援助に気づき、効果的な援助の実践が展開できることであると考える。しかし、実際の母性実習において相互関係が確立できた実習にしていくには、努力を要する点が多く残されている。すなわち、人間関係を確立していくプロセスの困難さと同時に、授業だけでなく実際の場面を活用し、どのように体験させるのかについて教育方法の具体化が求められている。

学生が産婦との相互作用として取り上げた学習例は、つぎのような学びである。

——分娩後の産婦さんは涙を流し喜ばれていた。このような状況の中で一緒に過ごせて嬉しく思いました。また、産婦さんが「すごく騒いじゃった、でも二人がそばで手を握っていてくれてすごくよかった」産婦さんの「寂しくなったわ」と言った一言に、人の手の温かみが看護をするにあたって重要であることを知りました。看護における手の意味を共に感じることが出来ました

通常の産婦のなかにも、声を出して助けを求め精神的に落着かない状態に陥ることがある。したがって、手をしっかり握りながら、励ましたり、勇気づけたり、ほめたりすることは児の娩出の時期を容易にしているのである。つまり、手を握ることで産婦は安心し、分娩を乗り越えようと反対に奮い立つのである。誰かが自分の側についているという安心感は、分娩後の援助にまで影響を及ぼしている。学生の行なった援助は産婦のニードを必要としていた時期と一致していたのである。相互作用について、学生は必死になって産婦とよりよい関係を確立させながら、正常な分娩へと導いている。トラベルビーは、看護婦—患者の相互作用の種類を四つに分類している。[12] そのひとつ目は、自動的な相互作用である。つまり、コミュニケーションをとっているがそこでは関係を結ぶことはしないのである。つまり、用件のみを伝えるものであり、両者はまったく意味をもたない関係なのである。

二つ目は、援助的な看護婦—患者の相互作用である。この関係は、たとえ人間対人間の確立に到達できなくても、患者にとって助けとなれば相互作用は成立していると位置づけている。たとえば、看護婦が患者に個人的な関心がなくてもその患者にとって実践した身体的な援助は、効果的であれば患者は満足なのである。

三つ目は無意図的な看護婦—患者の相互作用である。この関係は、必要な処置を命じられ、指示された場合など、

どうしても看護婦の責任の範囲内で決められたことだけを行なう相互作用を意味している。つまり、患者に意図的に話かけることはなく、絶対に必要なこと以外は行なわない。

四つ目は首尾一貫しない看護婦―患者の相互作用である。つまり、看護婦の条件つきの関心、条件つきの親切という特徴をもっている。たとえば危篤の状況にある場合の患者に対して関心をもつ看護婦や、病気の特別な時期に関心を示し他の時期には関心をもたないという看護婦―患者の相互作用を意味している。

患者のなかには条件つきの関心や親切でも助けとなれば、まったくないよりはましだとする患者もいるとしている。このように四つの分類から学生の学習例を照合しても、いずれも援助的な看護婦―患者の相互作用の分類と類似しているものが大半である。人間対人間の関係は基本的に、看護婦とその看護を受ける人とのあいだのひとつの体験あるいは一連の体験である。すなわち、看護婦にはメッセージを送る患者の状態を認識することが求められる。それは自分の知覚・思考・感情・行為という手段を用いて、より深い次元から患者を判断しかつ状況を見抜く能力を意味している。

（三）　産痛の意味するもの

少子化の流れに沿って、家庭分娩から施設分娩への転換もひとつの大きな時代の潮流であるといえる。それと同時に、生活が豊かになり複合家族から核家族へと移行したことは、生活習慣に著しい変化を起こしている。また、役割分業の単純さは、これから出産を迎える女性においては、非常な悪影響を及ぼす誘因ともなっている。つまり、便利さがもたらしたものは、肥満、糖尿病、高血圧など妊娠・分娩には悪条件となりやすい慢性疾患である。

妊娠すれば非妊娠時に比較して約一〇kg前後の体重の増加が見られる。昔のように結婚が、相手の両親や家族と同居することを意味していた時代とは異なり、現在では二人の生活からスタートする人生が大半を占めている。通常は、妊娠の喜びは周囲をほんのりと温かい雰囲気に包み込む効果が高い。したがって、家族が妊娠を境に一丸となって産婦への気遣いや配慮をしてきたのは近代になってからである。

母児への健康に極めてよいとして、食に関して必要以上の面倒を見ていることもそのひとつである。しかし、この結果、体重は急激に増加し、必要以上の脂肪が下腹部に蓄積することによって、妊娠・分娩への悪影響が報告されている。母親の年齢、身長、妊娠中の体重増加、分娩所要時間、児体重などが産痛と有意な相関関係にある[13]。特に、母親の身長が低く、児体重が重いほど産痛は強くなる傾向を示している。すなわち、骨盤の大きさと身長は相関しているため、分娩第一期においては子宮の一番狭い部分を通過する時期に産痛が合致するのである。

また、分娩第二期[14]は、児頭の最大周囲径が骨盤の一番狭い部分を通過するときである。したがって、産痛に影響を及ぼす心理的因子をはじめ生理的因子を理解しながら、目標の分娩を正常に経過させることが求められるのである。

ここに列挙した学生の主な学習例には、つぎのような学びが記述されている。

——分娩の痛みの苦しみがどのくらいのものか、想像もつかないがそれはもし神様がいたら神様が女性だけに経験させる、女性だけが経験できる、女性の一生の中でとてつもなく大きな意味を持つものだと思った。私だったらそれに自分と自分の赤ちゃんの身が危険にさらされることがない限り、経験しようと思っている。でも、正直言って今回の産婦さんの体験談から、自分も一回苦しい思いをしたら二回目以降は無痛分娩でいこうなどと考えそうだなとも思った

学生らしさが非常に素直に表現されている。分娩の痛みの苦しみは体験したことはないが、産婦の立場に近づこ

うという姿勢や感情をかかわりのなかで体験的に感じようとしている。特に、「女性だけが経験できる、女性だけに経験させる」という視点から女性が子どもを産む使命や、役割機能の大きさを実感した学習例である。

——隣の産婦は陣痛時、お腹をさすることが苦痛の緩和につながっていたようなので、苦痛が強くなったらさすってあげようと思っていたら、助産婦が子宮や膀胱を触診していた時にすごく苦痛を感じたようで、触るだけで痛いと言っていました。当然のことですが痛みの強さや程度、感じ方は人によって違うことを知りました。看護婦や医師の声や機械の音、物がぶつかる音などにものすごく敏感に反応することも石〇さんの個性であると思いました

産婦が苦痛を明確に表現していることによって、学生が陣痛の強弱や痛みの閾値の違いなどを認識している。さらに、個人個人によっての反応の違いを理解していくことも必要であることを産婦から学習している。

産痛のメカニズムについては、まず授業で教授し、母性実習でその実際を確認することをねらいとして産婦の陣痛の観察を行なってきた。その結果、従来のような偏りのある学びから調和のとれた学習となっている。したがって、産痛を予測する心理的因子および生理的因子を含めた授業の改善と共に、演習で産痛を理解させる方法としての新たな教材への取り組みも、これからの課題のひとつであると考える。そして、産痛という因子が分娩に臨むときに軽減された状態になるように、産婦を援助していくことが今後の教育の目標のひとつであると考える。

（四）

豊かな人間的「感性」を育む

看護の専門職を育てる上で重要な生命誕生にかかわる実習は、他の実習では味わえない興味や関心を抱きやすい

要素を含んでいる。たとえば、学生は自分のルーツを振り返りつつ自己の存在意義を確認しながら、両親とくに母親への感謝の思いなどありのままに感じた内面を素直に表現している。また、正確に状況を判断しながら知識を応用していくプロセスは「感性」や「創造力」そして「生きる力」を育む一要素として教育効果の高いことが評価できる。

――それぞれの子どもの「その子らしさ」と「意外性」を相互発見するきっかけを提供する。「そういう見方もあるのか」「そういうやり方もあるのか」「そういうことに関係づけることもできるのか」（中略）内容の発掘以上にそれらを提供した人物の人となり（人格性）の、親しみをこめた相互発見を意味する。もちろん、それは「自分自身」の発見―「わたしでも、こんな意見が言えたんだ」―にもなる[15]

授業という一方的な教授法は、知識を詰め込むことに目的をおきやすく、一人ひとりの学生の理解の程度を把握することは、かぎられた方法を用いて評価するだけである。つまり、授業中に考えたことや、感じたことなどを多くの学生から聞く時間の余裕さえない現状である。しかし、知識や理論を統合した実習においては、学生一人ひとりの能力以外の潜在している感性が行動となって無意識のなかに表出されると考えられる。すなわち、産婦というひとりの人間とのかかわりを通して、「見方」や「とらえ方」そして「関係性」に授業では考えられなかった変化や疑問を生み出していくのである。したがって、自己を振り返る機会を何度となく体験しながら、自己の能力を大きく超えた人間として成長していく学生も少なくない。「具体的なイメージを与えたり直接的に事物にふれさせたりして、子どもの教材のより深い解釈や正確な定着をめざす。そしてその際重要なことは、教材の教育的価値を共同的・相互的に追究し、かつまた相互の直接的・人間的接触による〝働きかけ〟を通してこそ、教えることとの充実感や学ぶことの喜びや、あるいは文化の最も核心的部分である創造的価値もまた〝体得〟されるものである[16]」。まさに、共通の教材を学生と教員が一体となり、共に学び、共に考え、共に行動する、そのプロセスにおいて教員の「人間性」や「かかわり方」の方法知を無数の選択肢から学生に応じて働きかけることが求められている。

それらは、「生きる力」とも関連を図りながら、認識活動と表現活動を組み入れた教材の解釈や指導法の工夫に大きな成果をもたらす一要因となるからである。したがって、日常生活を通して教員と学生が、共に授業を作り上げていく過程において、一番必要とされる「教員の人格」や「教員の気配り」そして「教員の信念」こそ、「体得」すべき「教育の本質」であり、学生の「生きる力」を育む基盤であると考えられる。つまり、これまで教員が教えることは、自分が教員であることを認めさせる意味が大きく、教員らしさを自らつくり出していた要素が強いように思われる。したがって、臨床指導者（以下指導者）と教員が共に認め合い、一体となって向上しようと努力していくことが重要である。

――人の胸を打ち、納得させていくのは、言葉に何が込められているかという点にあろう。相手を『思いやる心』と『誠実さ』そして『高き精神』こそ、肝要であり、その人格や人間性が明快な論理となって表れて相手の心を動かす[17]

まさに、教員および指導者の思いやる言葉の中身によって、学生の学習意欲が左右されることもある。また、教員や指導者の誠実な対応に学生は敏感に反応することも確かである。

どの学生も「みんな違ってみんな良い」という思いのなかで看護をめざす学生を育むことにこそ、教員の「かかわる力」の差が大きく反映していることも事実である。

――教師と生徒の係わり合い方も、生徒が自信を持つようになることに重きをおきながら、生徒の全面的な人間的成長を目的にして組み立てられている。（中略）言い換えれば、生涯を通して学び続けることを支援しなければならない。（中略）生徒の批判的能力が伸びていくように教師に支援されたとき、初めて具体化され

る(6)

したがってつぎのような三つの資質が基本的に、教員に求められるのではないだろうか。

その第一は力量（Competence）である。学生が必要としている学習上のニードを明確にすることであり、必要とされている指導を実践することである。次いで指導者―学生―教員の相互関係の調整と共に、学生が援助にかかわる対象についても気配りをしていくことである。

第二は理解力（Comprehension）である。それぞれの学生のよさを尊重しながら、一方では学生の能力を把握することである。また、学生の表情や態度そして性格など日常の学生とのかかわりや対話を通して理解しようと努力していくことである。

第三は思いやり（Compassion）をもつことである。学生の指導を行なう場合、状況によっては苦悩や心配事そして不安などが含まれている。一方的な指導をするとこれらの状態が複雑になり、問題の本質が見えないために指導にズレを生じるが、指導者や教員にはそれがわからない。したがって、学生が話せる場の雰囲気を配慮していくことや、学生から話を聞くことにかかわる力を身につけることが必要であると考える。

よりよい指導とは、力量と理解力そして思いやりを武器として、学生を育てようとする目的に向かって、教員の努力を方向づけすることである。なぜならば、それは生命を守るべき看護婦を育てることが、教員の最大の使命であることを意味しているからである。

以上のことから、母性実習における生命誕生の場面の学習には二つの意義が見出される。第一は、生命誕生の学習が学生の全人的な成長に何らかの形で関与している点や、主体的に「何かを作りだそう」「何か援助しよう」という実践的な態度を育成していることである。また、入学動機のあいまいな学生や学力主義を優先してきた学生も、知識注入型の限界を実習という体験学習を通して認識できるように変容していく。まさに、看護は「人間を対象」

にした密接な関連性を営む教育活動のひとつであると考える。

第二に、社会性の乏しい学生に「ひとりの人の生命を守る」ことの意義を考える機会を与えると同時に、発達段階から見ても感受性や創造力、観察力や判断力などの可能性を引き出すことができることである。また、病気に苦しむ人びとをはじめ、今まさにひとりの生命の誕生にかかわる人びとの人生観を通して、学生の成長・発達に影響を与えるより広い視野の教育を展開できる可能性を確信している。

今後の課題として「少子化」の進む現状では、妊娠・分娩期にある女性に集中的に援助を提供する機会は減少していく傾向にある。したがって、母性実習の範囲を拡大していく教育に転換していくことが差し迫った課題のひとつである。すなわち、これまでの周産期を中心とした実習から思春期・更年期・老年期にある女性の一貫したサポートシステムに教育の視点を積極的に置くことである。それは平均寿命が延びたことから、閉経後の女性の生き方について考慮した母性看護学の意義や実践上の課題に取り組むことを示唆しているからである。

セネカの「人間は教えながら学んでいく存在である」の言葉どおり、学生を育む過程は反対に教員が大きく成長する機会でもある。したがって、教員は単なる知識を伝達するのではなく、思考力と判断力のある独立した人格を育成することである。さらに、確固たる倫理観と人間としての連帯感を通して学生の才能をかぎりなく社会に生かせる看護教育の実践に臨みたい。


（大野知代）

脚注および引用文献

（1）母性とは、現に子どもを生み育てているもののほかに、将来子どもを生み育てるべき存在、および過去においてその役目を果たしたものをいう。WHOの母性保健委員会。
（2）分娩が終わると、妊娠にともなって身体的・精神的に起こった変化は約六―八週間をかけて非妊娠時の状態に回復する。この時期を産褥（Puerperium）といい、この期間の婦人を褥婦という。山村秀夫・内尾貞子『現代看護学・看護全書(9)』真興交

易医書出版部　二二八頁、一九七九年。

(3) 産痛とは分娩中に産婦が感じるすべての疼痛や不快感などの総称である。陣痛のほかに子宮や膣を開大する痛み、会陰部および子宮周囲、仙骨前面の神経叢の圧迫などによる疼痛を感ずる。産痛は個人差が大きく、なかにはまったく疼痛を感じない者もいる。しかし、多くの場合は、分娩の初期には下腹部・腰部・仙骨部などが軽く痛む程度であるが、陣痛が強くなり分娩が進行すると、下腹部全体に及び大腿や下肢にまで放散するようになる。胎児が娩出される間近になると疼痛は激烈となり大声を発する者もある。陣痛発作時には特に著しい。森山豊『母子保健講座３』、三八—三二頁、一九八二年。

(4) 分娩という未知なものに対しての不安を取り除くことをはじめ、陣痛という子宮の収縮をコントロールするための方法である。一般的にはラマーズ法やリード法が用いられるが、この学習の実例においては分娩時に基本的に必要とされる呼吸法を指している。水口弘・水口紀勢子『らくなお産』主婦の友社　一九八〇年。

(5) 福崎　哲「看護の対人関係過程に関する研究(1)、学生の臨床実習体験と自己内観の経時的変容」『看護教育』第二〇号、七〇七頁、一九八八年。

(6) 異常分娩とは、分娩経過中に陣痛および胎児等のいずれかに異常が起こり、そのために胎児または母体、あるいはその両者に生命の危険をまねき、各種の人工介助・産科手術など要する分娩のことである。『母子保健講座』一三五頁、一九八二年。

(7) 自然分娩は人工分娩すなわち分娩への治療介入(麻酔分娩、計画分娩、帝王切開などに対置されるもので、分娩の全経過が自然に生理的に経過したものをいう。自然分娩への援助は産婦との人間関係を重視し、助産の知識・技術を駆使し、個々人の分娩経過に適合した援助を行ない、より安楽な安全分娩を保障することが求められている。豊島豊子『助産計画のとらえ方と実際』四—五頁、医学書院　一九八三年。

(8) 割田勝子「母性看護学の構成と授業内容の検討」『慶応義塾看護短期大学紀要』第八号、二四頁、一九九八年。

(9) 池田大作『21世紀文明と大乗仏教』聖教新聞社　二〇頁、一九九六年。

(10) 同前書、二〇頁、一九九六年。

(11) 同前書、四四頁、一九九六年。

(12) ジョイス・トラベルビー（Joyce Travelbee）はニューヨーク大学で精神科看護の専任講師等を経て、ニューオリンズの看護学校助教授・精神科看護科長を兼任する。一九七一年ルイジアナ州立大学に再入学し、エール大学から修士号を取得する。主な著書に *Interpersonal Aspects of Nursing* がある。『夜と霧』の著者として有名なフランクル博士が来日されたときに良書として紹介されたものである。『現代看護の探求者たち』日本看護協会出版会　一九九—二〇〇頁、一九八一年。

(13) 我部山キヨ子「産痛に影響する因子の検討」『母性衛生』第三四号、一九九三年、二八一頁。
(14) 分娩第二期は、子宮口の全開大（一〇㎝）に始まり胎児の娩出をもって終わる。一般には初産婦で二〜三分、経産婦では一〜一・五分とされているが、児が大きい場合や産婦が肥満である場合は時間を要する。『助産論・助産業務管理』医学書院 一九八二年。
(15) 佐伯 胖・藤田英典他『学び合う共同体』東京大学出版会 一九九六年、一六〇—一六二頁。
(16) 有園 格・児島邦宏他『子どもの未来をひらく学校』教育出版 一九九六年、八九—一一四頁。
(17) 池田大作『私の人間学（上）』読売新聞社 一九八八年、八〇頁。
(18) 鈴木慎一『教師教育の課題と展望』学文社 一九九八年一、八〇—一八一頁。

参考文献

(1) 上林順子「学生の生命観を育成するための授業案の展開」『看護教育』第三〇号、一九八九年、六二三頁。
(2) 塚田トキエ「母性看護学における少人数教育の活かし方」*Quality Nursing,* 第三号、一九九七年、二七頁。
(3) 割田勝子「母性看護学の構成と授業内容の検討」『慶応義塾看護短期大学紀要』、第八号、一九九八年、二六頁。
(4) 千賀悠子「母性の成熟過程」『助産婦雑誌』第三五号、一九八一年、三一頁。
(5) 平井信義「思春期における母性意識の発達」『産婦人科の世界』、第二〇号、一九八六年。
(6) 滝井敦子・佐伯恵子「看護学生がとらえた『共感』と『受容』」『大阪府立看護短期大学紀要』第一三号、一九九一年、二〇七—二二〇頁。

第三節　暴力行為の変容

――校内暴力事例の比較分析による臨床的考察――

はじめに

現在もっとも教育現場を悩ませ、教師や子どもたちを肉体・精神的危機に陥れている問題のひとつが、暴力の多発化・過激化の問題である。

文部科学省（旧文部省）の「生徒指導上の諸問題の現状と文部科学省の施策について」によれば、一九九六年度には中学校では全学校の一七・七%に当たる一八六二校で八一六九件、高等学校では全学校の二二%に当たる九一八校で二四〇六件の校内暴力が発生している。いずれも前年度比三七・二%、一五・八%という高い上昇率である。両者の校内暴力発生件数は、すでに七、八〇年代の校内暴力ピーク時を超える値となっている。文部科学省は、一九九七年よりそれまでの「校内暴力」を「暴力行為」として改め、校外での暴力行為も含めた統計調査を行なうようになったが、それによれば一九九七年には中学校で一万八二〇九件、高等学校で四一〇八件発生した暴力行為が、翌々年には、それぞれ二万四二四六件、五三〇〇件と増加している。わずか二年の間に、中学校では三二・五%、高等学校では二九・〇%の増加という高い上昇率を示している[1]。さらに、警察庁の統計によれば、二〇〇〇年に検挙された少年刑法犯のうち、凶悪犯は二一二〇人、粗暴犯は一万九六二一人である[2]。この値は一九九一年に比べて八四・〇%、二九・六%という高い増加率であり、社会問題となっている。

これらの統計調査データからも、暴力行為の多発化・過激化が急速に進行し、学校現場が対応に苦慮している状況を知ることができる。

学校現場が対応に苦慮する主原因は、「新しい荒れ[3]」とも呼ばれる生徒の暴力行為の変容を充分に把握できない、すなわち暴力行為の背景にある生徒の非行文化の変容を把握しきれないためである。

本節文は、この点に留意し、① 対象を「文化的遠心性」をもったグループに限定する、② 彼らの過去と現在の校内暴力事例を臨床的に比較分析する。このことによって非行文化の変容が明確に把握できるようにし、学校現場での新たな指導・支援策が、模索される際の一助となるよう工夫した。

ここで言うもっとも暴力的なグループとは、子どもたちの学校文化に対する文化的な分化を「文化的求心性」「文化的功利性」「文化的遠心性」を所有する三グループに類型化し分類するとき[4]、「文化的遠心性」をもったグループのことを指している。「文化的遠心性」をもったグループとは、一九七〇年代は「ツッパリ」と呼ばれ、一九九〇年代にはその所属集団によって「ラップ」「チーマー」「ギャング」とさまざまに呼ばれたグループである。「学校文化の周縁部に位置し、学校文化の延長上に自己実現しようとは考えていない生徒集団[5]」であり、暴力的な問題行動の大半を占め、学校現場で常に生徒指導の対象として問題視されるグループである。

1 事例選択の条件

時代区分

対象事例は、A、B二校の高等学校の一九七五―一九八〇年と一九九五―二〇〇〇年各五年間に起きた問題行動事例から選択したものである。比較分析の妥当性を確保するため、時代背景、高校の地域性、学力、および事例内容が類似しているものを選択した。一九七五―一九八〇年は、第一次オイルショック後の経済混乱期である。「省エネ」の掛け声のなか、日本が大量規格品生産から多品種少量生産へ生産様式を移行し始めた、すなわち工業化社会から消費社会へと移行を始めた時代である。学校現場では、校内暴力が全国的に広がり、「対教師暴力」「授業崩壊」などの問題が噴出した。一九九五―二〇〇〇年は、バブル経済の崩壊後、日本が未曾有の経済不振を迎えた時代である。大型倒産、リストラが相次ぎ、社会を揺るがすような過激、猟奇的な殺人事件が数多く発生した。反面、消費・情報化社会を迎え、PHS、携帯電話、eメールなどのコミュニケーション・ツールが進化、若者の間に急速に流行するとともに、それまでサブカルチャーとして「周辺存在であった若者文化が、消費文化を支える主役となった」時代である。学校現場では、子どもたちの変容に対応できず、マリファナ、チーマー、ギャング、援助交際、不登校、中途退学、いじめ、自傷行為など新たな問題行動や教育病理が多発した。

A、Bの二高等学校は、近接する地区に存在し、入学学力がほぼ同レベルである。通学区域に大規模な公営団地を点在させるなど、生徒の住・生活環境も似通っている。また、成績評価、生徒指導、クラス運営、進路指導体制など学校側の生徒対応も類似している。

二つの事例内容は、いずれも同様の暴力行為（対教師、対生徒暴力、器物破損、恐喝など）のであるとともに、グループの構成陣容（人数、出身中学校を母体とすること、出身地域とのかかわり）がほぼ同じである。また、類似した事例が前後に複数発生しており、多くの教師に、時代を象徴する事例として認識された経緯と、同様の事件やトピックスがマスメディアでも報道された経緯をもっている。なお事例は、プライバシー保護のため内容に改変が加えてある（名前は仮名）。

2 事例

事例1（一九七五—一九八〇年）

暴走族グループ「A」の構成員の生徒五人が同じ中学校から入学する。リーダーは谷口で、仲間と一年生のクラスを次々と回っては、クラスの「番（＝番長）を張りそうな生徒」を物色して「焼きを入れる（＝脅す）」。他方、それ以外の「ツッパリ」生徒には、「自分たちのグループ」が他のグループよりいかに強くしかも「面倒見がいいか」説いて回る。この硬軟二つの方法を駆使して自分たちに従うようにオルガナイズ、またたく間に三〇人程のグループに急成長する。「オレたちは、ワル」と宣言し、学校は「オレたちを無視している」「センコウは敵だ！」と当初から教師を敵対視した。とくに、指導監督下に置こうとする管理的な教師の対応に露わな反抗を示し、暴走族「A」の名前や「特攻命」と学校内や壁面にスプレーで書き巡り、トイレ、廊下、窓ガラス等を壊して回り、非常ベルを押し消火器を撒き散らし、爆竹を鳴らす日々が続くようになった。ある日、担当学年の教師が彼らの部下となった生徒をひどく叱責、暴走族「A」を非難したことを理由に、職員室に金属バットやモップの柄をもって乱入。当該教師に激しく迫った。外では、呼応した仲間たちが消火栓の水を廊下にばら撒き、非常ベルを鳴らし、窓ガラスを叩き破り、一年教室を占拠。授業が不成立状態となる。学校側は警察に通報。しかし、制服警官が校内に入ったことから、一年生とは違った「族」に入っている上級生たちも反発、廊下に女子生徒が座り込み「(警官)帰れ！帰れ！」の大合唱、男子生徒は警官に食って掛かる騒ぎとなった。

この事件によって、谷口ら首謀者は退学（自主退学勧告）となり、グループの主要な生徒たちは学校を去った。しかし、退学した後も教師の目を盗んでは校内に入り、模造刀を振り回しクラスの「ツッパリ」に恫喝をかけたり、校門前に「たむろ」することが度重なった。カンパと称して在校している仲間を窓口に、多額の金銭を多くの「半ツッパリ」の生徒から巻き上げていることが判明。使途は、仲間の保釈金や上部団体への上納金であった。刑事事件として捜査される結果となる。その後、彼らは、いずれも工事、解体業などの仕事に就く。

事例2（一九九五—二〇〇〇年）

同じ中学校から七人が入学する。うち五人は、小学校からの遊び仲間である。入学当初から落ち着かず、仲間のいる他のクラスへ遊びに行く。担任教師の説得を受け入れず、注意をすると「うぜってんだよ！」と怒鳴り返すようになる。注意をする教師には顔を近づけて嚇し罵倒、椅子や机を投げ蹴飛ばし、さらに仲間のいるクラスに入り込んでは、授業を妨害し騒ぎをつくった。しかし、彼らは、新たなメンバーを積極的に組織化することはなく、隣接する地元中学校の「ワル」仲間十数人と「つるんでいる（＝集まっている）」ことがほとんどであった。「学校、つまんねーよ。いつでもおさらばするからよ」が彼らの常套句であったが、一週間に数日、二、三時間目などに遅れてきては、学校中を騒ぎの渦に巻き込み、放課後前には仲間と連れ立って去っていった。この時期から、頻繁に廊下やトイレに消火器が撒かれ、非常ベルや防火用シャッターがいたずらされた。さらにトイレやロッカー、ドアが壊され、スプレーによるいたずら書きが頻発する。また、体育の時間や美術の時間など教室を空ける科目になると、現金の盗難が相次ぐようになった。しかし、彼らが廊下にいたとの証言はあっても、決定的な目撃情報はなかった。校外では、ポケットのなかにバタフライナイフ、バイク（無免許）に伸縮式警棒などを忍ばせていたが、校内ではタバコ所持の検査でポケットやロッカーを検査されるためか、隠して出すことはなかった。彼らの不可思議さは、自分たちを理解してくれそうな教師には、ニコニコと自分から話し掛け相談もすることであった。また、気に入った教師の授業には、話が聴きたいと途中から入り「いいねー」と机に足を上げて講義を聴き、飽きるとまたふらりと出て行くことも度々であった。しかし、ついに特別指導の対象となり、説諭処分となる。が、説諭の途中に「うるせんだよ、タコ！」と怒鳴り窓から脱走、指導を拒否した。パー券（＝パーティチケット）が密かに流れ、彼らが撒いたとのうわさが飛び交った。多くの生徒が買っていたが、嚇しを受けて買ったという証言は出てこなかった。彼らもニヤニヤと笑って関与を否定した。「チーム」に属している石田は、外で傷害事件を起こし今までの前歴が加算されて少年院に送致された。もっともエネルギッシュで校外で武勇を馳せていた重森は、「ワルは学校から追放する」と偏った正義感を披瀝して生徒会の役員になっていた岡部を殴り自宅謹慎となったが、家出をし、のちに退学した。彼らは、その後、彼らの言葉でいう「プータロウ（＝職業に従事していない人物）」で定職につかず、時折アルバイトをして過ごした。

3 比較分析

非行文化

イ．事例1（一九七五―一九八〇年）の非行文化

中心的価値観

事例1のグループは、全員が暴走族の構成員だったこともあり、明確な非行文化を所有していた。彼らの非行文化の中心的な価値観は、「ツッパル」ということであった。「ツッパル」とは、事例のなかで彼らが語っているように「オレたちは、ワル」と開き直って物事に対処することであり、正統的文化の呪縛に屈せず「ワル」として逸脱と非行を繰り返すことであった。そのなかでももっとも重要な要件は、対立するものには〈暴力的に対峙する〉という点であった。逸脱と非行を繰り返していても相手と「タイマン」を張ることのできない者は、「ツッパル」資

格がないと見なされ、仲間から軽蔑された。逆に、体を張って「ツッパル」者は仲間に一目置かれ、当該者自身にとっても自己の姿を粋に感じるものであった。その意味において「ツッパル」とは、彼らの非行文化の中心的な価値であると同時に、個々人にとっては自らの実存を支える中心的な「美意識でもあった(6)」。

「ツッパル」ことを中心的な価値とし自らの美意識とする彼らの非行文化は、三つの側面を所有している。この三側面は、その後の分化していく校内暴力の形態に大きな影響を与える。

第一側面

第一の側面は、「ヤクザ」文化の側面である。彼らの標榜する「ツッパリ」の文化とは、「義理」「人情」「面子」などを暴力主義の肯定的事由としてかかげる伝統的日本型暴力集団「ヤクザ」の文化系列に属するものである。それは、彼らの「ツッパリ」スタイルの髪型やファッション（例、「パンチパーマ」「ボンタン」）、ポーズ（例、「（ヤクザが仁義を切るさいのポーズの変形と思える）腰をかがめた座り」「（顔を横に向けた）相手にガンをつける姿勢」）、言葉（例、「タイマン」「ぶっ殺すぞ」）などのが、いずれも「ヤクザ」文化のエピゴーネンもしくは模倣であることから推察できる。「ヤクザ」型の非行文化を模倣した彼らは、「ヤクザ」と同様に所属組織を守りそのヒエラルヒーを遵守する。このため仲間や子分という組織のひとりが攻撃されたときには猛然と反撃を加える。また、彼らの攻撃の直接的な一次ターゲットが、自分たちと同様に「ツッパっている」生徒や対抗グループであり、「普通の生徒」は間接的に支配する二次的なターゲットにしかすぎなかったことも、対立組織との抗争を繰り広げる「ヤクザ」型文化の特徴を示すものといえる。

この側面は、現在では「古典的存在」となった伝統的な従来型の暴走族に属する生徒たちに受け継がれている。

第二側面

第二の側面は、管理的な教師の対応に露わな反抗を示し学校中を騒乱に陥れた事件を引き起したことに見られる、学校文化への暴力的な批判・攻撃という側面である。「ツッパリ」文化が都市部だけでなく地方の中高等学校まで波及し、校内暴力が全国的な広がりを見せたのはこの側面の働きが大きいと思われる。彼らの学校文化への批判・攻撃は、主要には教師の評価観と学校の管理・規則に対するものであった。教師の評価観に対しては、主に①教師たちの学力評価を基準尺度とした生徒評価、②学習意欲のない生徒への侮蔑・疎外、の二点に暴力的な攻撃が加えられた。学力評価を主体とする教師の日常的な業務は、生徒の全体的な評価をも学力評価を基準尺度として行なってしまう「習性」を潜在的に習慣化させる。さらに、この「習性」は、教師の知識観が「直線的」であるとき、直線上の下位の知識所有者を見下してしまう傾向を所有しやすいことや、教師としての己の権威を保つために学力によるヒエラルヒーを生徒との関係のなかに持ち込みやすいことなど、教師が陥りやすい傾向によってより強化される。この強化された「学力評価基準主義」とも呼べる「習性」によって、教師は学力が低く学習意欲が低い生徒を—彼らの文化的背景や自己評価を低くしている心情を理解することなく、その粗暴な行動の表面のみに気を取られ—侮蔑の目で眺め疎外してしまう。事例の生徒たちは、教師のこのような現実を見抜き、「(教師は)オレたちを無視している」「センコウは敵だ!」と激しく批判・攻撃した。

学校の管理・規則に対しては、①懲戒処分を背景とする教師・学校の管理的対応、②「～してはいけない」式の違反禁止型の生徒指導、に主要な批判・攻撃が向けられた。一般の生徒にはより従順に学校秩序を遵守させ、反抗的な生徒にはその言動の危うさを自覚させ抑制を図るために(服装や髪型など仔細な点まで規定した生徒規則と「校内内規」に照らして)、「～の行動は、停学○○日になるぞ」と懲戒処分をちらつかせる教師たちの管理的な対応は、事例の生徒のみならず、「一般の生徒」にも怒りと屈辱感をもたせた。また、同時に違反の禁止を徹底させるために「○○は、してはならない」「○○は、厳罰に処す」を繰り返すのみで、生徒の行動の背景の理解や理解のための人間的な関係を築こうとしない画一的な違反禁止型の生徒指導に、彼らは激しく攻撃を加え、一般の生徒たちも彼らと同様にこのような学校・教師を軽蔑し、密かに彼らの行動を支持した。すなわち、学校文化への暴力的な批判・攻撃という第二の側面は、一部の生徒の暴力行為として表出されながらも、多くの生徒の心情的賛同を呼び起こす結果となったのである。この側面のみを眺めるならば、「ツッパリ行動」は、「相互作用の場面での他者からもたらされる脅威（threat）に対抗する必要上なされる逸脱(7)」である「防御的逸脱(8)」の傾向を所有しており、それが多くの生徒の共感をも呼び起こしたともいえる。この側面は、現在、なお多くの「普通の生徒」のなかに拡散・潜在化している。

第三側面

第三の側面は、青春時代の実存希求の逸脱行動であるという点である。彼らは、学校文化に順応するなかに、①自己を充分に発現し展開できる可能性がほとんどないこと、②「抑圧」や「蔑視」に対する「怒り」を文化的に昇華させる方途が存在しないこと、③自らの高揚するエネルギーを受け止める文化性が存在しないこと、を見出している。それはメンバーのひとりが退学後筆者に語った言葉、「センコウに従っても、何もいいことはなかった」などに、象徴的に表出している。このような状況に置かれた彼らにとって、街頭の暴走族の非行文化は彼らを認め、「怒り」の攻撃的行動を賞賛してくれ、高揚するエネルギーを受け止め共感する仲間がいる、自己を発現できる文化であった。「ギャングは、学校や家庭に欠けている友情と意欲づけ（emotional support）、達成感（sense of achievement）をストリートの子どもたちに用意している(9)」とJ・D・ヴィジルが指摘するように、暴走族は彼らにとって仲間との友情を感じながら、自己がもっとも生き生きでき実存を確認できる場だったのである。その文化と空間を学校文化に対抗して学校のなかにも拡大しようとしたのは、彼らにとっては無理を承知の「当然の営為」であった。この（自己の実存を学校内に感じ取れず、）逸脱のなかに真の自己の開放と実存を読み取ろうとする行動は、その後八〇年代前半には、尾崎豊の「15の夜」や「卒業」などの歌のヒットに代表されるように「ツッパリ」

生徒だけでなく学校文化に空しさを感じる「普通の生徒」たちの逸脱を惹起し、広がっていくことになる。しかし、この自己の実存を求める側面は、その後進行する消費社会化のなかで、ヒップホップやスケートボードなどのストリートカルチャー（street culture）、タトゥ（tattoos）やグラフィティ「graffiti」などのビジュアルサブカルチャー（visual subculture）、「ブランド」装飾品や暴走する若者の「高級車」志向などのマティリアリズムカルチャー（materialism culture）に象徴される流れ、すなわち「楽しさ」「面白さ」「目立ち」のなかに「自己の発現」や「自己の解放」を得ようとする消費文化の巨大な流れ、に組み込まれ包摂されてしまう運命となる。

ロ．事例2（一九八五―二〇〇〇年）の非行文化

事例2の生徒たちの非行文化は、大きく異なる。

組織性が低いことから判断しえるように、彼らは強固な非行文化を所有しているわけではない。無論、事例1の「ツッパル」という核や「ヤクザ型」「硬直した学校文化への攻撃」「実存希求」という各側面を継承・所有しつつも、それらは、消費文化の進展に伴う多様な「モードの叛乱[10]」によって後方へ押しやられ、より刹那的な「面白さ」追求型のアメーバ状の緩やかな非行文化に変容しているといってよいであろう。メタ物語が存在した時代の非行集団が、正統的文化に対抗するメタ物語をもつ強固な非行文化を所有していたのに対して、「メタ物語が喪失した現代[9]」においては、非行集団もまた、対抗する強固なメタ物語を所有していないともいえる。しかしながら、このような状況、すなわち強固なメタ物語をもたない非行が、従来の非行に比べて過激でないことを意味していないことは、もちろんである。

行動原理

事例2のアメーバ状の非行文化の全てを覆う行動原理は、「面白さ」である。それは、暴力行為を「おもしれえからやってやった」と語ることや「暴力行為」の後、数分で悪びれることなくワイワイと楽しげに語らっている様子から、さらには、普段も「おもしれえことないか」と騒ぎまわっていることからも判断しうる。

彼らの行動原理である「面白さ」とは、大別すると①からかい②試し③スリル④発散に集約される。これらの「面白さ」は、R・カイヨワが遊びを二つの極に分類したひとつの極、すなわち「気晴らし、熱狂、自由な即興、気ままな発散という共通要素が優勢を占める。一種の無制限の気まぐれが表現される部分[12]」「パイディア[13]」と合致するものである。

構成要素

ところで、「面白さ」を行動原理とする、このアメーバ状の非行文化を構成する要素は、どのようなものであるだろうか。彼らの会話を分析してみよう。

——〔一九九□年、六月　授業をサボって屋上で体を焼いている彼らとの会話〕

筆者：なぜ、学校で暴れるのかな?

石田：だってさ、ウザッタイよ、あのセンコウ

筆者：ウザッタイから暴れる?

石田：うん、でも……目立ちたいのかな

筆者：目立ちたい?

重森：暴れると、ちょー目立つしぃ、みんなリスペクト（respect）するじゃん

筆者：リスペクトか、すごい言葉知ってるね

石田：マンガに載ってたんだよ、こいつの教養は全てマンガ!（笑）

重森：でもよー、まじ、みんな、オレらを、怖がってる。B組の生意気な奴、ずー体のでかい、あいつなんか完全に、びびってるよ。オレが通ると、いなくなるぜ

会話から、彼らが暴力的な行動を取る理由のひとつは、「目立ちたい」という自己発現の願望であることがわかる。「目立ちたい」理由は、他の生徒から「リスペクト」を受けるからである。しかし、彼らの語る「リスペクト」は、通常使用される「人格・見識・学問・経験などのすぐれた人を、とうとびうやまうこと」[14]としての「尊敬」という意味だけでなく、他の生徒が彼らの暴力を「怖がり」「びびる」ような眼差しや態度など、自己に対する他者の「恐れ」の意味も含意する二重構造となっている。彼らが、他者の「恐れ」も「リスペクト」として認識する基盤には、マスキュリニティ（masculinity）による暴力賛美の価値観が存在するのはもちろんであるが、それだけではなく認識を補強・牽引し、「社会的な承認」へと高める彼ら独特の非行文化の要素が存在している。つぎの会話を見てみよう。

——〔一九九□年、六月、非常階段でマンガ週刊誌の裏表紙を眺めている彼らとの会話〕

筆者：何か買うのかな
斎藤：（「フェザー」と呼ばれる羽根状の銀色の胸のペンダントを見せながら）これ
筆者：新しく買うんだ？
斎藤：うん
石田：こんどは純金の奴ね
筆者：純金！　高いだろう？
斎藤：（何ふざけたことを言っているという顔つきで）だから、いいんじゃん
筆者：？
石田：解ってないね。オレらのこと。でかい顔できるじゃん。地元で
筆者：？

石田：（馬鹿にした顔つきで）みんな見るだろう。ベンツとかと同じで。おっ！　とか言って、あれだよ

筆者：なるほど、ところでその金はどうするの？

二人：（ひざを叩いて笑いながら）決まってんだろ！　変なこと聞くなよ！

「青少年は、物的所有を自らの優越性（superiority）を表現するためと注目（attention）を惹きつけるために使用する」(15)とのJ・ファガンらの指摘を基礎に分析するならば、彼らが高価な装飾品を身に付けることによって体現しようとしているのは、（準拠集団としての）彼らの仲間が「リスペクト」の眼差しで「見る」「ステイタス（status）」であると同時に、「地元」という彼らのテリトリーとなっている地域社会で「でかい顔ができる（＝優越性を示せる）」社会的承認としての「ステイタス」であることがわかる。その購入のためには、「恐喝」等の暴力も使用する。高価な品物によって自らのステイタスを体現する考えをマティリアリズム（materialism）と呼ぶとき、上記の会話の例においては、彼らの「リスペクト」は、マティリアリズムに媒介されてより強固な社会的承認を必要とする「ステイタス」へと牽引されている、と分析できる。換言するならば、仲間社会での「ステイタス」を求める心がマティリアリズムを呼び起こし、「リスペクト」を牽引している。ところで、彼らの仲間社会における「ステイタス」の中軸は、何にもまして暴力的に秀でていることであるから、当然、牽引される「リスペクト」の内容にも暴力的な「畏敬」や「恐れ」が含まれることになる。これが、彼らの「リスペクト」の二重構造のひとつ、自己に対する他者の暴力的な「恐れ」も「リスペクト」として彼らが認識する理由である。

以上のような分析から、彼らのアメーバ状の非行文化の主要素は、暴力的（「目立ち」「リスペクト」「ステイタス」）であるといえる。このような表記で表すのは、彼らの「目立ち」「リスペクト」「ステイタス」は、全て、暴力的な「目立ち」、暴力的な「リスペクト」、暴力的な「ステイタス」、すなわち、全ての要素を横断するものとして、暴力的な文化が横たわっているためである。「すべては断片化し、異質で分散化し複雑化している(16)」現代の消

費・情報社会においては、子どもたちの文化的分化が進み、自分好みの狭い文化に閉じこもり、好みの文化の仲間とのみ友人関係をつくる傾向が著しくなっている。事例2のような攻撃的な生徒も例外ではない。彼らは、例えるならば「サイトカルチャー（site culture）」とでも呼べるような、つまり全ての文化を「暴力」という名のコンピュータ・サイトのみを通して獲得・展望するような狭い文化基盤に自己を定立させ、他の文化に対しては自己を閉じる傾向にある。このため、彼らが興味をもち好んで読むもの、見るもの、聞くものの大多数が暴力的なものとなっている。彼らにとって、全ての文化は暴力という価値を下敷きにして、眺められているのである。暴力的〔「目立ち」「リスペクト」「ステイタス」〕の各要素について、さらに詳しく見てみよう。

構成要素1

彼らの言う暴力的「目立ち」もしくは、暴力的に「目立つ」ことは、単なる「視線を集める」「注目される」ことではない。暴力的に振舞うことによって仲間からの賞賛を得、かつ周囲の人間（＝「観客」）からは正統的文化の枠内に属さない逸脱のパフォーマンスとして媚び恐れられたりするものである。つまり、暴力的に「優位」と見られる承認と認知を伴うものなのである。

構成要素2

この承認と認知のまなざしを彼らは「リスペクト」と呼んでいる。当然、このような暴力的「リスペクト」がなく目立たなく、しかも行動原理としての面白さが伴わない暴力行為には、興味を示さない（たとえば、彼らがいわゆる「おたく」で身体的に非弱と承認されている生徒に、隠れた場所で暴力を振るうことは皆無であった。それは、「観客」としての他の生徒が存在しない場所で、誰もが弱く「変わっている」と認識している「おたく」の生徒を攻撃しても、「面白さ」も「リスペクト」も得られないからである）。逆に、それらが満たされる行動には、より過激[18]な暴力的行為を展開するのである。

構成要素3

ステイタスは、一次的ステイタス、二次的ステイタスに分けることができる。一次的ステイタスとは、「仲間」からの「評価獲得」である。彼らのグループは、アメーバ型とはいえ「ギャングは他の青少年たちより仲間への依存性が高い」[17]とのC・R・ハッフの指摘のごとくグループ内の相互依存性が高く「仲間による教育力は卓越している」集団である。筆者は、彼らが過ごしている地域に出掛け彼らを参与観察し、彼らと対話する機会を多くもった。彼らは、常に「連れ立って」行動し、「一番大切なものは何?」との質問には、必ず「仲間」と断言した。また、彼らは「仲間」とそれ以外の世界を峻別しており、「仲間」だけが、「言うことがわかる」「ダサくない」世界であり、他の世界は「言うことがわからない」「ダサい」世界であった。すなわち、仲間世界だけが暴力的〈「目立ち」「リスペクト」「ステイタス」〉で構成された非行文化の価値を共有しており、他の世界は彼らを理解しない世界なのである。換言すれば「仲間」世界だけが、彼らを認め評価してくれる「居場所」であり、「彼らの低い自己評価(self-esteem)と壊れやすく分解した自我(fragile and fragmented egos)にとって、(ギャング仲間は)自分たちは完全だと思えるよう助けてくれる重要な存在なのである」[19]。このため仲間による「評価獲得」は、彼らにとって最優先課題である。ただし、前述のように彼らのなかにも「私事化」傾向は深く浸透している。このため事例1(一九七五―一九八〇年)の「ヘゲモニック・マスキュリニティ(hegemonic masculinity)」[20]とは違い、仲間による「評価獲得」が、仲間内の「頭(=リーダー)」や「特攻隊長」などの組織的な階層上位の地位獲得を意味していない。「私事化」により個人の自由と欲望を尊ぶ事例2(一九九五―二〇〇〇年)のグループでは、組織内にそれらの肩書きが存在しないこともあり「評価獲得」(=「ステイタス」)は、メンバーのさらなる「リスペクト」と仲間への影響力が増すことに繋がるにすぎない。

二次的ステイタスは、地域社会での暴力的「逸脱者」としての承認・認知である。彼らの街頭でのパフォーマン

図1

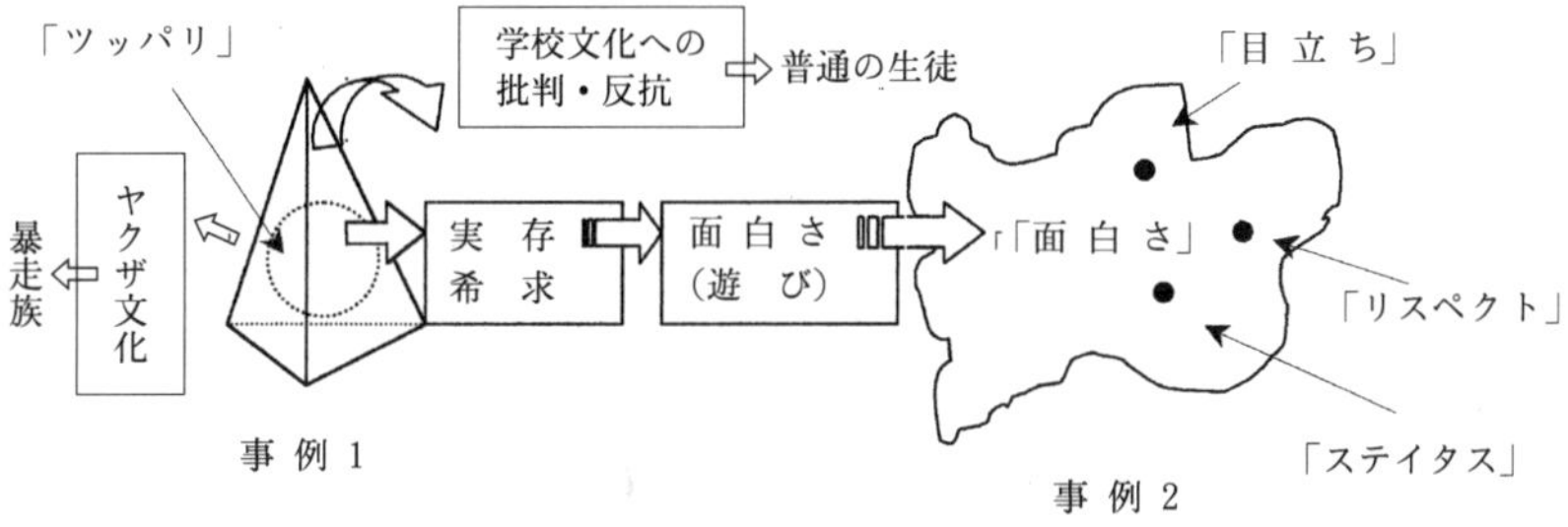

スは、人びとの非難と恐れの対象となるが、それは社会への自己承認を迫る演技であるとともに、自らのマージナリティを打ち破り、明確に「逸脱者」として「逸脱」世界に自らを越境させる演技でもある。この演技の繰り返しが、地域社会における暴力的「逸脱者」としての承認・認知を定着化させる。しかし、従来の「ワル」グループと異なる点は、必ずしも「ワル」モデルが存在し、そのモデルへ同一化しているわけではない点である。このため彼らのパフォーマンスは、その場の状況によってもっとも暴力的に「目立つ」ように演じられる即興の「演技」であることが多い。この即興性と演技性によって、①からかい、②試し、③スリル、④発散、などの「面白さ」が増強されているのである。

事例1の非行文化と事例2の非行文化の対比を図によって表すと、**図1**のように描ける。図は、事例1、2の差異と変容を象徴的に示すと共に、事例1の三側面が、各々「ヤクザ文化」の側面は伝統的なスタイルに固守する暴走族グループに引き継がれ、「学校文化への批判・反抗」の側面は多くの「普通の生徒」に引き継がれ拡散・潜在化し、「実存希求」は消費・情報社会の影響を受け「面白さ」となって、事例2の行動原理へと引き継がれていくことを示している。

考察

事例1（一九七五―一九八〇年）と事例2（一九九五―二〇〇〇年）では、非行文化が大きく変容していることが判明した。また。この分析を基に、現在、暴力行為に走る「文化的遠心性」をもつ生徒を指導・支援するためにいかなる学校知の組換えが必要なのか、考察を行なうことにしよう。

イ．学校知組みかえの基本枠組み

①「知の蓄積」型から「自ら思考・探査・創造」型へ

事例2の生徒の非行文化の行動原理である「面白さ」は、彼らが遂行する個々の行動において、なぜ「面白さ」を所有することができるのであろうか。その主骨格は、暴力行為を含む逸脱行為を、自分もしくは自分たちで思考し、創造し、他者の視線のなかで「演ずる（perform）」からである。もし、これが事例1のような「ヘゲモニック・マスキュリニティ」によるヒエラルヒーの確立した組織からの命令なら、消費・情報化社会に育ち、私事化傾向が強く「自分らしさ」を大切にする彼らは、「面白さ」を感じないであろう。日本の学校教育は「個の知識の蓄積」（佐藤学　一九九九）を主体として形成されてきた。そこでは、教師が生徒に一斉に伝達する知識を、いかに効率よく合理的に吸収し蓄積するかが最大の課題であった。自ら考え、探査し、創造する知の「面白さ」は、常に後ろに退かされるか、「面白さ」といえば、生徒に迎合するというような表面的取り組みと誤解されてきた（事実、平易に教える、平易なことを教えるなどのレベルに留まる実践も数多く存在する）。しかし、自らの世界を、「自ら思考・探査・創造」し仲間・他者の承認を得るとき自己のなかのパラダイムを変換し、知の世界に本当の「面白さ」を感じ取る生徒は、数多く存在する非行文化の行動原理がもつ文化形成的側面を学校文化に還流し学校知を組みかえ、非行に走る生徒を文化的に奪還すること、それも学校教育の可能性を広げ深化させることができる。

②「中心文化」の学びから「周縁文化と中心文化の往還・確執・変換」を行なう「生きた知の学び」へ

学校教育は、共同体の中心的な文化、すなわちその社会の主流文化を伝授することを主要な使命として営まれてきた。だが、事例2の生徒のように、「学校に価値を置いていない」生徒の多くは、日常の文化に埋没、もしくは、若者文化のような周縁文化に生きていることが多い。中心文化が「理《ことわり》の文化[21]」であり、明確な定義と合理性の文化であるに対して、彼らが身を置く日常の文化または周縁文化は、「感の文化」すなわち情感や感性に重きを置き、曖昧さや非合理的な思考も呑み込む文化である。この乖離を乗り越えるには、中心文化を彼らに一方的に押し付けるのではなく、多くの若者文化が中心文化へと変化していく道筋がそうであるように（例　ビートルズナンバーの教科書への取り入れ、スノーボード競技のオリンピック種目への取り入れなど）周縁文化と中心文化の往還・確執・変換を経ながら新たな文化的地平を獲得できるよう学びを変容させるよう学校知を組みかえる必要がある。

①を縦軸とし、②を横軸とする座標のなかで、実践される「自己との対話」「仲間との対話」「世界との対話」は、明確な非行文化が存在せず、暴力行為の通常決断域も（犯罪心理学の「ミニマックス原理（minimax principle）[22]」と「満足原理（satisficing principle）[23]」を適応すれば）「面白さ」の満足と暴力的〔「目立ち」「リスペクト」「ステイタス」〕の獲得の間という極めてエモーショナルな領域に形成され、「その場の状況」に左右される「感情的」「情緒的」な非行行動を取り易く、しかも周縁文化に生きようとする事例2のような生徒を支援するには、必須なものである。

ロ．発達段階的に必要な組みかえ

①　実存的差異化

事例2のグループは、発達段階的には大人が疎ましい時期にありながらも、気に入った教師には声をかけ、授業にも参加しようと試みている。この現象は人間関係が希薄な時代に育った彼らが、幼児・児童期に充分な部分同一化群を形成することができず、青年期（前期）に入りアイデンティティ形成に困難を覚え無意識に補償している行為と受け取れる。すなわち、未熟な同一化群をより強固なものとしアイデンティティを形成するため、発達段階的には忌み嫌う大人との接触、対話を図り、大人をさまざまな差異化した側面に切断、自己に適合する側面を取り組んでいる無意識な営為（＝実存的差異化）と思える。このように彼らが信頼を寄せうる大人との対話を積極的に創出し、アイデンティティ形成を支援することによって、彼らが自らを対象化し、内的世界の「意味の網の書き換え」と、（現在を生きることのみに全ての視点を囚われてしまう彼らが）自らの未来に思いを馳せ、過去を振り返る「時間軸」を得る。すなわち、暴力行為から脱却を図る―そのような実存的差異化を支援する〈教師―生徒関係〉が学びの場に構築されることが必要である。

② 同一性と非同一性の弁証法的関係

近代教育は、常に同一性に彩られていた。そこでの人間観は、人間の持つ逸脱や欲動など〈闇の部分〉を非同一性として退けてきた。また、「アイデンティティとは、自分が何者であるかを、自己に語って聞かせるストーリー」[24]だとすれば、「学校という場」で語ろうとする「自己のストーリー＝アイデンティティ」は、（非同一性を削った）常に同一性に飾られた「良い子物語」を強要するものであった。「良い子物語」を自己に語れない生徒、事例２のグループのように非同一性としての逸脱や暴力の部分に踏み実存を得ようとする者は、「不良」としての自己を（反対に、「仮面」を被り学校文化に適応を示し、ついには自己破綻を来たし社会問題となるような激しい逸脱に走る生徒にとっては、「虚像」としての自己を）描くしかなかったのである。しかし、彼らが示すように人間は本来、逸脱や欲望や暴力をも所有しつつ、葛藤を繰り返しながら全体として同一性に生きる存在ではなかろうか。その意味では、近年多くの若者が小さな逸脱ならば、人間の自然な姿と捕らえ出したことは、（善悪は別として）ごく当然なことといえよう。すなわち、同一性と非同一性の弁証法的関係上に成り立つのが自己であることを、特に思春期、青年期を扱う学校では学びの回路に還流し直す必要があるだろう。

（占部愼一）

注

（1）文部科学省初等中等教育局児童生徒課『生徒指導上の諸問題の現状と文部科学省の施策について』二〇〇一年。
（2）内閣府『青少年白書』二〇〇一年。
（3）尾木直樹『子どもの危機をどう見るか』岩波書店　二〇〇〇年
（4）占部慎一「〈ラップ〉と〈学生服〉と〈逆野球帽〉」、佐藤学・藤田英典・佐伯胖編『学びと文化⑥』東京大学出版会　一九九五年。
（5）同前書。
（6）占部慎一『学校砂漠われら途上にて』旬報社　一九九八年。
（7）宝月誠『逸脱論の研究』恒星社厚生閣　一九九〇年。
（8）同前書。
（9）Vigil, J. D. (1999). Streets and schools; How educators can help chicano marginalized gang youth, *Harvard Educational Review*, Vol. 69, No. 3.
（10）佐藤郁也『暴走族のエスノグラフィー』水曜社　一九八四年。
（11）J・F・リオタール、小林康夫訳『ポストモダンの条件』水声社　一九八六年。
（12）R・カイヨワ、志水幾太郎・霧生和夫訳『遊びと人間』岩波書店　一九七〇年。
（13）同前書。
（14）『大辞林（第3刷）』三省堂　一九九一年。
（15）Fagan, J., & Wilkinson, D. (1998), Social contexts and functions of adolescent violence In Elliott, D. S., & Hamburg, B. A (Eds.), *Violence in American schools*, New York: Cambridge University Press.
（16）D・ライアン、合庭惇訳『ポストモダニティ』せりか書房　一九九六年。
（17）Huff, C. R. (Ed.). (1996). *Gang in America* (2nd ed.) Thousand Oaks, CA: Sage.
（18）占部慎一、前掲書。
（19）Vigil, J. D., *op. cit.*
（20）Bender, G. (2001). Resisting dominace? The study of a marginalized masculinity and its construction within high school walls In Burstyn, J. N., [et al.] *Preventing violence in schools: A challenge to American democracy.* Mahwah,

NJ: Lawrence Erlbaum Associates, Publishers.

（21）佐藤学『学び　その死と再生』太郎次郎社　一九九五年。

（22）Tedeschi, J. T., & Felson, R. B. (1994). *Violence, Aggression, & Coercive actions.* Washington, DC: American Psycholoical Association.

（23）*ibid,*

（24）R・D・レイン　志賀春彦・笠原嘉訳『自己と他者』みすず書房　一九七五年。

第三章　新しい学びのための授業をつくる

第一節　「平和の文化」を創る授業

はじめに

――障害者を六年生までは避けて通っていた。触れると障害がうつると思ったり、見た目にとてもいやだったからだ。けど、中学校に入ってから、先生とか、お父さん・お母さんに障害者のことをいろいろ教わり、障害者もひとつの命ということがよくわかった。だから今は進んであいさつをしようとしている。そして、一生懸命生きている人たちをバカにしていたり、避けていたりしていたら、注意をしたいと思う

――入学してから約一年間、いろいろなことをやってきて、いじめについての考え方は多少かわったと思います。なるべく人の好きなところを探そうと思うようになったり、ムカつくことがあっても、自分の中だけで思って口にはあまり出さないようにしてきた。一人が口に出すと、誰かが「そうだね」ってことになって、だんだんイヤな感じになっていくから。また、キング牧師を見て白人が根拠もなく、黒人を差別しているというのを聞いて、いじめももしかしたら、根拠もなくやっているのかもしれないと思いました

――私は小学生の時は、黒人に対して、実はいやな言葉を言っていたけど、キング牧師のビデオを見て、黒人は白人の奴隷にされたり、殺されたり、家を燃やされたりしていた。今でも黒人差別は続いているから、まず自分からやめようと思った。また、外国の人に対する差別もやめようと思った。でも一番多く取り組んだのはいじめ問題だった。私も最初は「また、イジメやんの～」とか思っていたけど、今、前の資料を見ると、大切なことを教えてもらったんだなと思いました。このクラスでは、Hさんとか T くんあたりがいじめられ

ていましたが、少なくなったと思います。でもまだイジメがなくなったわけではありませんが……

これらの感想は、昨年度実践した『平和の文化』を創る授業」の最終授業に提出されたものである。「ポートフォリオ」というには、いささか気恥ずかしい気がするが、この授業実践については、すべて個人ファイルをしてきた。そこで、年度末にファイルを紐解き、中学入学後の「平和の文化」を核としたカリキュラムの一年間を振り返った。本実践は、今年度はもちろん次年度も継続予定のものである。これらの感想からも明らかなように、本実践が子どもたちの心に着実に響いている。日々の学校生活のなかで、さまざまなトラブルに出会ったさい、本実践に対する「揺らぎ」のようなものも発生するが、これら子どもたちの声に励まされ、「誠実な共学者」の視点から「平和の文化」を創る授業を現在も積み重ねている。

1　新しい学びのための授業を創る

学校知を組みかえる主体としての教師

アップルの「カリキュラム・ポリティクス論[1]」は、私の教育観を根底から揺さぶるものとなった。ひとりの人間として・教師として、政治的な権力関係の成果物である学習指導要領をただただ遵守するだけであったこれまでの実践を反省し、「誠実な共学者」の視点からカリキュラム開発に取り組むこととなった。

「国家一〇〇年の計」ともいわれる教育が、戦後五〇年の間に、**図1**のように揺れ続けている。このことをどう理解すればよいのか。本当に日本の教育はこれでよいのか。子どもたちの学習の基礎・基本を問う前に、私たち教育者が教育の根本哲学を問う必要がある。今、もっとも問われなければならない課題は、我々はどこからきて、どこへ向かおうとしているのかという歴史認識であり教育哲学である。

アップルが「まるでアメリカンフットボールの陣取りゲームのようである」[2]と語ったというが、この図を見る限り、この指摘は的を射ているように思われる。このように右に左に揺れ動くものであるならば、「学習指導要領」とは一体何なのだろうか。今こそ、学校知を組みかえる主体としての教師が立ち上がらなければならない。

図 1

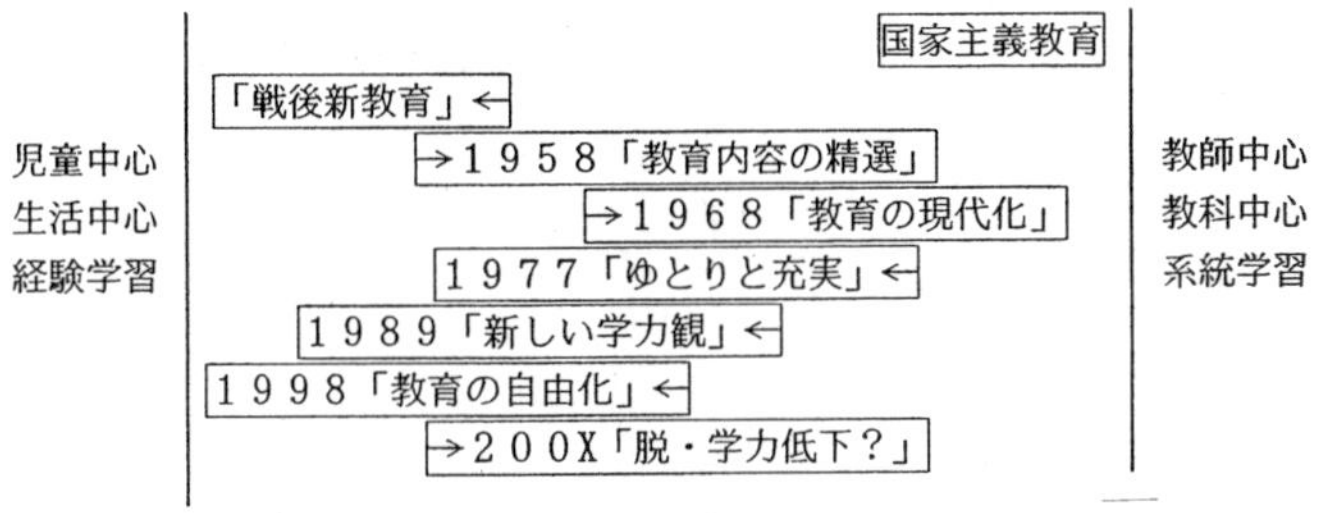

教師が教授学習するにあたり、教えうるに値する知識・科学とは一体何なのかという再検討が必要である。教師のなかには、「学習指導要領」にあるからとか「教科書」にあるからと、その根本理念を問わないままに教育実践する者も多い。特に、二〇〇二年度から導入される「総合的な学習の時間」にあっては、教師の裁量権の幅が大きく、創造的教授学習活動が可能であるだけに、まず、この根本問題に触れることが大切である。そして、教師の専門的知識や能力、ひいては教師自身の人格そのものを問う学習であるという意識をもたなければならない。

その実践にあたっては「体験第一主義」のムードに流されることなく、明確なビジョンをもって臨まなくてはならない。また、子どもの「関心・意欲・態度」が絶対化され、活発に活動していても内容がともなわないような学習であってはならない。それは「子ども中心」の学習ではなく「子どもまかせ」の学習へと堕していることを示す。子どもたちが実際に生きている現実と切り結び、主権者としての自覚を深めるようなテーマ設定をしなければならない。「何でもありの総合的な学習の時間」としないためには確固たる課題（テーマ）をもったカリキュラムを提案していかなければならない。そこで提案したいのが、「平和の文化」を核としたカリキュラムである。

「学びの経験の履歴」としてのカリキュラム

私たち教育現場にある者は、「カリキュラム」という言葉をしばしば使う。しかし、その「カリキュラム」の定義は十人十色と言ってよいほどにさまざまに解釈されている。たとえば、「カリキュラム」=「教育課程」=「教育委員会に提出する資料」と解釈する者。「カリキュラム」=「学習指導要領」=「ナショナルカリキュラム」と解釈する者等が存在する。

ここでは、佐藤学のカリキュラムとは「学びの経験の履歴(3)」であるという説に従いたい。カリキュラムを「教育委員会に提出する資料」や「学習指導要領」と解釈する限りにおいては、カリキュラムはあくまでも既存のものであり、教師は単なる「学校知の伝達者」・「学校知の配達人」の位置に埋没させられてしまう。それはあたかもティーチングマシンに等しいものとなり、子どもたちを前に授業実践をする教師の醍醐味を喪失させたものとなる。

改めて断わることもないが、私は創意工夫の名の下に独善的な内容と方法をもって、自由裁量に任せた授業を展開しようと言っているのではない。公立学校の教師として、「学習指導要領」を大幅に逸脱するような教育をしてはならないことはもちろん理解している。しかし、だからといって教職を志した以上、「学習指導要領」の一伝達者や一配達人の位置に甘んじるつもりも毛頭ない。そこで、私は前述のようにカリキュラムを「学びの経験の履歴」と定義することとし、子どもの未来をひらくために一つひとつ試行錯誤を重ねつつ、子どもたちと共に「学びの経験」を積み重ねていきたいと考える。

子どもの感性・感受性を大切にするカリキュラム

ヴァーチャルな世界に生きる子どもたちであるだけに、実際体験することから得る感動・疑問・決意を大切にするカリキュラム開発を推進しなければならない。子どもたちの感性・感受性には、大人が想像している以上のものがある。自分たちもそのような時期を過ごしてきたにもかかわらず、いつのまにか失ってしまったものである。感性・感受性の研ぎ澄まされた思春期にこそふさわしいカリキュラムを提起する必要がある。

そのためには、今野喜清が「教育の仕事というものが、もし人間主体の〝変革〟をめざすものであるとするならば、思想形成の問題を徹底して人間主体の面からとらえ直すことが重要になってくる。そしてそこでは、『感性』の問題は心理学的認識論の枠を超えた、いわば人間の実存的根基に緊結したものとして把握されることになるだろう。（略）知識・技術の伝授以上のものを期待する教育の仕事にとって、『感性』は真の人間の変革を可能にするところの『教育力』の実質を指示するものとなるだろう[4]」という言葉に今こそ立ち返る必要がある。

そして「なんであれ、『現実（ナマ）』と切り離されてある〝心性〟ほど冷たいものはなく、また主体的に〝生きる力〟も育たない[5]」と指摘されるように、机上の空論ではなく、あくまでも「現実」と結びついた子どもの〝心性〟〝感性〟に訴えかけるカリキュラム開発を手がけなければならない。さまざまなヒト・モノ・コトとナマで出会う場を設け、教師と子どもと保護者とが共同（協働）で「平和の文化」を学ぶスタイルを構築していかなければならない。

子どもの実態に即したボトムアップのカリキュラム

子どもを取り巻く環境には非常に厳しい問題が山積している。このような状況下にあるからこそ、直接子どもに接することのできる教師自らが何らかのアクションを起こさなければならないと考え、本カリキュラムを推進することとした。

本実践にあたっては、『反省的実践家としての教師[6]』をめざし、「平和の文化」という大いなるテーマのもと、その時々の子どもの実態に即したボトムアップ型のカリキュラム開発をめざした。今、子どもが直面している問題は何か。その問題解決のために、教師は何をなすべきか。最善とはいえなくとも最良の教育実践は何かと追究したものである。

そして、本実践を通して、政府および文部科学省主導の「教育改革」に対し、「教育は文部科学省の会議室で行なわれているのではない。学校現場で行われているのだ！」という現場教師としての気概を示したいと考えた。そもそも昨今の「教育改革」論議は、教師の自信と誇りと権威とを失わせようとしているのだから、怯んではいけない。今こそ日々、子どもたちと向き合っている私たち教師がカリキュラムを創造していかなければならない。

2　『平和の文化』を創る授業

『平和の文化』の定義

本節で使用する「平和の文化」とは、一九八九年にコートジボアールで開かれた『人の心に平和を』国際会議で「平和の文化を発展させることによって、平和の新しい理想像をつくる助けとしよう」とする提案がなされたことにその起源をおく。

その後、一九九七年に国連は二〇〇〇年を「平和の文化国際年」とし、世界中が「平和の文化」をきずくために努力することを決定し、さらに翌九八年には、二〇〇一年から二〇一〇年までを「世界の子どもたちのための平和と非暴力の文化国際一〇年」と定め、戦争や暴力のない二一世紀をめざそうと決意した。この決意が現在、アメリカの同時多発テロ事件とアフガニスタンへの攻撃とで雲散霧消とされかねない危機に瀕している。今こそ、平和憲法をもつ日本が、世界の子どもたちのための「平和と非暴力の文化」の必要性を訴えていかなければならない。

これまで戦争や暴力がどれほど人間の生活と心を荒廃させてきたことか。人間らしい生活をするためには、どうしても平和を貫かなければならない。戦争やさまざまな暴力が生み出すものは、破壊や退廃・人間不信・絶望である。二〇世紀は、争いや意見の違いを力によって解決しようとして、人間の生命や美しい自然までも奪ってきた。この反省を私たちは決して忘れてはならない。

「平和の文化」をカリキュラム開発する上で、その基盤となるものが「暴力についてのセビリア声明（The Seville Statement on Violence）[7]」である。「戦争は人の心の中ではじまるのと同じように、平和も私たちの心の中ではじまる。戦争を発明した人間という種は、平和を発明することもできる。責任は私たち各人の肩にかかっている[8]」という言葉を今こそ重く受けとめたい。特に、二一世紀に生きる子どもたちの教育にあたる者は、この言葉を真摯に受けとめ、平和を発明するカリキュラム開発に誠心誠意努力しなければならない。

人類の存亡の危機を回避する教育

井上ひさしが「人類史は、ヒロシマ、ナガサキで折り返し点にさしかかったのです。（略）ヒロシマ・ナガサキは、世界史がたとえ一億年続いたとしても、フランス革命やアメリカ独立などよりも重要な日付であり続けるでしょう。そして、その特別な日付を刻まれた日本人が、戦争放棄を含む憲法によって、二一世紀の人類の希望を背負わされた[9]」と語るように、私たち日本人は人類の希望を背負わされた貴重な存在であり、被爆国日本発の「平和の文化」を構想していかなければならない。

このことは、安彦忠彦の「いわゆる『子ども中心』の近代教育学はもう終わったと考え、現代は子ども自身が『人類の存亡』に不安を覚えつつ、この世界を人類の力で保存していかなければならないという課題を大なり小なり自覚し始めている[10]」という指摘に共通するものである。このように二一世紀の教育は、「人類の存亡」の危機を回避する教育が必要とされているということを、私たち教育者は強く認識しなければならない。

私たちは、物理的・可視的・直接的ではない暴力や紛争に関しても絶えず心を配り、貧困はもちろんのこと、人種差別・性差別・いじめ・人権侵害というような、より狡猾的な方法で作用する構造的暴力に対しても積極的に関与していかなければならない。子どもたちにとって、平和こそが、もっとも力強く自己実現できる基盤であり、自己の未来をきりひらくことのできる状態だということ。人間がこの世に生まれ出て、もっとも素晴らしく自己表現できる状態が平和であるということを強く訴えていかなければならない。

3 新しい学びのための授業実践

「平和の文化」を構築する授業（二〇〇〇・二〇〇一）
―二〇〇〇年度　一学年の取り組み―
(1) 韓国人留学生に学ぶ――韓国からの留学生：李和貞さんを迎えて
(2) VTR『火垂るの墓』[11]を観て
(3) いのちのつながり『いのちを大切にするためには』[12]
(4)『かわいそうなぞう』[13]を影絵にして文化祭で発表
(5)『バナナと日本人』[14]を読んで
(6)「青年海外協力隊OB」に学ぶ――ネパールで理数科教師を務めた飯塚健一郎さんを迎えて
(7)『キング牧師の公民権獲得運動』[15]（VTR資料）を知って
(8)『ハゲワシと少女』[16]（VTR資料）を知って

(9)「ピア・サポート・プログラム(17)」に取り組んで
(10)社会科見学「第五福竜丸展示館」――ビキニで被爆した大石又七(18)さんに聞く
(11)「平和の文化」をオーストラリアに学ぶ――VTR『オーストラリア発見(19)』を視聴して
(12)通訳として活躍されている西崎美紀さんを迎えて
(13)『わすれないで―第五福龍丸物語―(20)』を朗読劇として卒業を祝う会で発表

―二〇〇一年度　二学年の取り組み―

(14)「我が愛しのオリザ・サティーバ――発泡スチロールの田んぼで、もち米づくりを始める
(15)アフリカを感じよう！　学ぼう！　――セネガルからの留学生：スマレ・セイドゥーさんを迎えて
(16)「地雷問題」から「平和」を考える――難民を助ける会（AAR）の紺野誠二さんを迎えて
(17)レポート：「平和」について考える
(18)「小さな旅」に出て、感じたこと・学んだこと
(19)心のバリアフリー――肢体不自由援護施設　足立あかしあ園園長　横内康行さんを迎えて
(20)視覚障害者と共に「障害」を学ぶ――視覚障害者の三村栄子氏を迎えて
(21)ヒトラーの野望とアウシュビッツ強制収容所
(22)「多文化主義」をオーストラリアに学ぶ――南オーストラリア州政府代表事務所　アンドリューさんを迎えて

※　(1)(3)(6)(8)(11)(12)(14)(15)(16)(19)(20)(22)については、保護者の学習参加のもとに実施した。

授業実践を検証する

実践　韓国人留学生に学ぶ

教師の思い

本校には、外国籍の子どもはもちろんのこと、日本国籍は有するものの、父親なり母親なりが外国生まれであるという子どもが一〇名前後在籍する。恥ずかしきことながら、本校では子どもたちのなかに、中国から家族で引っ越してきた女子に対し「中国・中国」と呼んで嘲笑するということがあった。このようなことは人間として絶対に許すことのできない問題である。そこで、日本教育映像協会が実施している「留学生が先生！」教育プログラムに依頼し、韓国からの留学生を派遣していただくこととした。

生徒の感想　『違うほうがおもしろい』

今日、李和貞さんの講演がありました。李さんはキレイで明るい人で、話もおもしろかったです。あいさつや自己紹介のしかたを教えてもらいました。「アンニョンハセヨ」とか。ちょっとおもしろかったです。一番心に残ったのは衣装です。代表で男女一人づつ韓国の衣装を着て、女性の衣装は赤と青できれいな刺しゅうがしてありました。衣装は足の長さがわからないようになっていて妊婦さんみたいでした。男性は全身ピンクで日本で着ていたら、ちょっとスゴイと思うような服でした。同じ地球人だけど、衣装とかは違うほうがおもしろいと私は思います。最後に李さんはみんなに勇気づける言葉をくれました。国などに関係なく、みんな同じ人間だなと思いました。

この実践で身についたこと

○日本人と韓国の人とは、あまり変わらないんだなぁー

○他の国のことを知ることは、とても大事なことだ思いました

実践　ＶＴＲ「火垂るの墓」を観て

教師の思い

夏休みの宿題として、ＶＴＲ『火垂るの墓』を、家族一緒に観るようにという課題を提起した。本来なら原作者である野坂昭如の小説を読ませたいところであるが、子どもたちを家庭へ帰している夏休みだけに、家族でＶＴＲを鑑賞し、家族が一緒になって戦争を考える機会を設定したいと考えた。現代の日本社会にあって、家族で戦争の話題が意見交換されることなどはめったにあるものではない。それだけに親しみやすいアニメーション『火垂るの墓』を通じ、戦争の話題が取り上げられることを意図した。生徒のなかには、父母を越え祖父母から戦争体験を聞きだす者もいた。

生徒の感想　『人間の心を奪う戦争』

私のお父さんは、この映画の大ファンです。普段は涙もろいわけではないのですが、見るたびに「この映画はだめだ」と言って、いつも鼻をつまらせています。私もこの映画は、二・三回見ました。今回この感想文を書くということで、少し歴史的背景も考えながら見ました。

見終わった後、うちの祖父母に戦争中のことを聞きました。祖父は一六歳。祖母は一四歳の時、終戦を迎えたそうです。二人とも家は農家でしたが、やはり食べ物が少なく、年中おなかをすかしていたということです。配給は主に野菜を配ってもらったそうです。防空壕の中は蒸し暑く息苦しかったと言っていました。爆弾は近くには落ちなかったけど、少し離れた所には何発か落ち、とてもこわかったそうです。

節子の兄清太は、私たちと同じくらいの年ではないかと思います。私がもしあの状況に置かれていたら、親戚の家で預かってもらって、どんなにひどいことを言われても耐えていれば、あんな結末にはならなかったと思います。あのおばさんも、もし、戦争のない平和な時代だったら、あそこまで意地悪な人ではなかったと思います。

やはり、戦争は人間の生命を奪うだけではなく、人間としての心も奪ってしまうものなのだと思いました。〃サクマのドロップ〟をなめるたびに節子のことを思い出します。

この実践で身についたこと

○戦争は、いつも小さいもの・弱いものを犠牲にするものだと思いました

○世界中のどこにも清太や節子をつくってはいけないと思いました

実践　『バナナと日本人』を読んで

教師の思い

この実践を通じて、子どもたちに訴えかけたかったことは、アジア諸国に対する偏見と差別意識、低賃金と人権抑圧の実態をバナナというひとつの身近な食品からとらえようというものであった。特にフィリピン人を母親にもつ男子に対し「フィリピン・フィリピン・フィリピンバナナ」と嘲笑する子どもたちに、フィリピンの生活の一端を知らせたいと考えた。そこで、私たちが何気なく食べているフィリピンバナナが、なぜ安いのか。どのようにして作られるのか。フィリピンのバナナ生産者がどのような生活をしているのか。空中散布される農薬は生産者にどのような影響を与えるのかを知ってもらうため、本実践を行なった。

生徒の感想　『バナナと日本人』を読んで

ぼくはフィリッピンに行ったことがあります。母さんがフィリピンの出身なので、自分の家があります。その庭には大きなヤシの木やバナナの木があります。小学生のころにフィリピンに行った時、そのバナナはとてもおいしかったです。でも初めて見たときはびっくりしました。なぜならバナナが緑色だったからです。ぼくがそれを食べようとしたら、おじさんが「それを食べると死んじゃうよ。黄色になるまで待とう！」と言った。ぼくは食いしん坊だったので、早く食べたかった。そして、黄色になった時、おじさんがそれを料理しました。おじさんが作った

料理は、バナナを串にさして、それをフライパンに入れて焼き、おじさんが作った特製のタレにつけて食べるという料理でした。すごくおいしかったです。あのバナナは今まで食べた中で、一番おいしかったです。

しかし、そのおいしいバナナで、日本やアメリカが大もうけをしているなんて……。フィリピンはとても貧しい国なのに。ぼくはいつかこんな光景を見たことがある。それは遠足の時、お弁当にバナナが入っていた友だちが、それを投げたり踏んだりして遊んでいた。ぼくはそれを見て笑った。でも、「日本人とバナナ」を読んで、バナナで遊ぶようなやつが読むべきだと思いました。

この実践で身についたこと

○バナナが日本に来るまでに、こんなにいろいろなことがあったとは驚いた
○アメリカや日本は、もう少しフィリピンの労働者の生活がよくなるようにできないものかな

実践 青年海外協力隊ＯＢに学ぶ

教師の思い

二学期も中盤を迎え、少々気が緩み、学ぶ意欲が減退してきたことと、他者への思いやりの気持ちに欠ける言動が目につくようになってきたことを踏まえて実施した。青年海外協力隊ＯＢの飯塚健一郎氏はネパールで、理数科の教師として二年間奮闘してこられた。彼は「日本には資源がありません。食べ物で自給できるものといったらコメぐらい。着る物だって外国の世話にならなければ、何ひとつ着ることができません。それなのに、諸外国との関係づくりがうまくない。加えて、発展途上国に対しては差別的言動もある。また、文字が読める、学校にいけることを、我々はあたりまえのことのように思っているけれども、世界規模で考えたときには、決してあたりまえのことではないのだ」と熱く語って下さった。

生徒の感想　ネパールの教育事情を聴いて

私は今までネパールのことを詳しく知っていなかった。どこの国もＴＶ・クーラーなど便利なものはどこでも使っていると思っていました。また、こういった話を聞いて初めて、子どもが学校に行けないなどということを知り、申し訳ないと思いました。私はめんどくさくて「学校へ行きたくない」と口に出すが、ネパールでは四人にひとりしか学校へいけないという。そのほとんどは私と同じ女の子。女は仕事・男は遊んだり学校ということに「ムッ」ときた。男女の扱いの違いがひどすぎる。女は学校へ行けたとしても、学校から帰れば家の手伝い。うーん、これもまた大変。話しは変わるけれど、アト何年かで学校の時間が短くなったり、土曜が全部休みになることに反対だ。なぜ短くする？　なぜ？　なぜ？　だったら、そのうち日本も学校がなくなるかも。それはいやだ。学校は世界の子どもが集まるところだから。

この実践で身についたこと

○毎日、学校へ通えることのありがたさのようなものが少しわかった

○何か私たちにできることはないのか。少しでもいいから何かしたい

↓　これらの声に答え、ユネスコの「世界寺子屋運動」を紹介し、学年として、一円玉募金・インターネットクリック募金に協力することとなった。

―4―　実践の総括

実践を通しての収穫

本実践は、二〇〇〇年度入学生に対するものであり、まだ研究の端緒についたばかりのものである。このため、

二年目・三年目への学習の発展をどのように行なうか。たとえば、教師間のさらなる連携、テーマに沿ったゲスト・ティーチャーの招聘、現実（ナマ）を体感させる教育内容・教材の選定等、課題はまだまだ山積している。

本節をまとめるにあたり、この一連の「平和の文化」を核としたカリキュラムを振り返った時、冒頭に記したように、子どもたちのなかには着実な変化が現れてきている。たとえば、入学当初、何か人を嘲笑う際によく聞かれた「身障」というコトバが全くといっていいほどに聞かれなくなった。

第二に、実践の積み重ねと共に、何か自分たちにできることはないかと進んで考えるようになった。特に青年海外協力隊OBの講演会以降、その傾向が強まっている。例として、二〇〇一年度になり実践した『『地雷問題』から『平和』を考える」の感想の一部をあげてみる。

――私たちが質問された「もし、友達が地雷にやられて、痛い痛いと言っていたらどうする」という質問。私が迷ってしまうような質問を、地雷がある国の人たちは、私たちと同じくらいの年齢で、毎日のように、この質問を突きつけられている。私は、地雷について全く興味もなく関係もないと思っていたけれど、何かやらなくてはいけないと思いました。こんなことを考えていると紺野さんはすごい人だなと思いました。一つの失敗で足がなくなったり、命を落としてしまう仕事を人のためにできるということは、すごいことだと思います。見習うことはできないけれど、何か協力したいと思いました

この文章からも読み取れるように、問題事象を自分のこととして、引き受けるようになってきている。これは、「『現実（ナマ）』と切り離されてある〝心性〟ほど冷たいものはない」という認識の上に、「現実（ナマ）」のヒト・モノ・コトと出会わせる、子どもの感性・感受性を大切にするカリキュラムを積み重ねてきたゆえに得られたものである。書物やインターネットの検索からだけでは、決して得ることのできないものである。そして、自分を見つめ、自分には見習うことはできないと認識するものの、何か自分にできることはないかと考える姿勢が着実に身に

付きつつあると確信する。

この姿勢が確立しつつあるからこそ、「視覚障害者と共に『障害』を学ぶ」の際に、「目が不自由で一番困ることは何ですか」とか「料理は自分でできるのですか」という素朴な質問に混じって「交通の面で、ここがこのようになったなら、安全に移動できるという要求のようなものはありませんか」と、子どもたちの目が着実に社会に広がりつつあることを痛切に感じる。そして、それが「手や足というパーツがないことや目や耳が不自由であることイコール『障害者』としていいのでしょうか。手足があっても目が見えても、心が病んでいる人こそが『障害者』なのではないでしょうか。それにしても、人間に『障害者』というレッテルをはること自体が間違っているような気もします」という感想には、子どもの成長の姿をはっきりと読み取ることができる。

まだまだ未熟で不完全な実践ではあるが、ヴァーチャルな世界に生きる子どもたちであるからこそ、実際体験することから得る感動・疑問・決意を大切にするカリキュラム開発を今後も推進していきたい。キーワードは、「『現実（ナマ）』のヒト・モノ・コトに出会う」である。

授業者の思いと揺らぎ

この一年半にわたる実践は、生徒の実態に応じたボトムアップのカリキュラム開発をめざしたものである。そのために、多面的・多角的な取り組みを積み重ねてきた。このため、前述のように目に見える形での収穫もあるのだが、夏休み明けの二年生の状態は決して良好とは言い難い状況にある。河上亮一が「新しい子ども[21]」と呼ぶ生徒のなかには、なかなかプラスの変革が見られないという厳しい現実も存在する。他者を傷つけるコトバを発したり、他者に暴力行為を働く生徒が今もって存在する。警察問題にまで発展したケースさえ存在する。これまで十数年かけて形成されてきたパーソナリティが、数回の教育実践によって、たやすく変革できると考えるほうが間違っているということはわかっている。しかし、わかってはいるのだが、心傷つき学校を休みがちになる生徒に対し、より有効な手立てはないものか、これまでの実践は何であったのかと思い悩む日々を送っている。

そして、このように授業者の心が揺らぐときに悪魔がそっと囁く「悪しき者には力もて手向かえ。しからずんば汝は悪の支配の責めを負うにいたらん」と。しかし、ここで悪魔の囁きに負け「愛のムチ」という名の強権を発動してしまっては、何のためにここまで「平和の文化」を創る授業を積み重ねてきたのかわからない。「愛のムチ」もその殴る瞬間においては、「この野郎！」という憎しみ以外の何ものも有していないのだから。

現段階において、「新しい子ども」と呼ばれる一部生徒の急転換を望むことはできないとしても、地味で粘り強い実践を積み重ねる以外にはない。このように、時に授業者の思いが通じず揺らぎを生じることがあろうとも、「念ずれば花ひらく」の信念をもって、「平和の文化」を創る授業を継続していかなければならない。

5 今後の課題

歴史認識と教育哲学とを確立する

まず、私たちが問わなければならないことは、「私たちがどこからきて、どこへ向かおうとしているのか」という歴史認識であり教育哲学である。日本経済を森嶋通夫は「戦争とともに栄えた経済である」[22]と主張する。現在、デフレ不況の真っ只中にある日本が「いつかきた道」を、いつ歩み出すとも限らないという危機感をもたなければならない。このような危機感をもって、教育の現状を顧みたとき、満州事変について「政党政治の不信を強め、政府の弱腰な外交方針に不満をつのらせていた国民のなかからは関東軍の行動を熱烈に支持する者もあらわれ、陸軍には二二〇万円の支援金が寄せられた」シンガポール占領について「これは、数百年にわたる白人の植民地支配にあえいでいた、現地の人々の協力があってこその勝利だった。この日本の緒戦の勝利は、東南アジアやインドの多くの人々に独立への夢と勇気を育んだ[23]」等と記述する「新しい歴史教科書をつくる会」の教科書が検定合格するような時代となったことを重く受けとめるべきである。

そして、ブートゥールが「今日に至るまで、平和と戦争の間の闘争は互角ではなかった。平和のほうが弱いのである。なぜなら、戦争を始めるには一人でたりるが、平和の維持や達成のためには万人の同意が必要だからである[24]」と語るように平和の維持や達成は困難なことである。しかし、私たち人間の不断の努力と英知とによって、現在の「新しい戦争」を一刻も早く終了させなければならない。このような時代であるからこそ、学校教育にあっては、二一世紀を生きる子どもたちに「平和の文化」をスパイラルに追究する授業実践を積み重ねる必要がある。

今後の展開

今後も引き続き、フレイレの指摘する「銀行型教育概念[25]」を脱却した「課題提起教育[26]」を展開していかなければならない。そして、中学生活の後半は、「課題提起教育」と共に、これまでの実践を通して子どもたちが心を動かされた事柄について、テーマ別に追究する段階に入っていきたいと考える。これまでの経緯から、追究テーマとしては、平和・戦争・非暴力・いじめ・差別・貧困・障害者・人権侵害・人種差別・第五福竜丸・広島・長崎・原爆・核兵器・地雷・難民・多文化主義・テロリズム等があげられる。

そして、教師としては、まずテーマを同じくする子どもたち同士が協力して追究できるような「つながり」をもたせることに尽力し、つぎに「現実（ナマ）」のヒト・モノ・コトと少しでも出会えるような機会を設け、「学び」の支援をしていきたい。

先に触れたように、子どもたちの現状は決して良好なものではないが、自らテーマを設定し追究するという新たな「学び」を通して、子どもたちの自己変革を促したい。そして「平和の文化」という大テーマをかかげ続けることにより、身近な「いじめ」から国際紛争に至るまで、自分の頭で体で感性で考えることのできる子どもたちを育成したいと考える。

（古家正暢）

註および引用文献

（1）マイケル・アップル『カリキュラム・ポリティクス』東信堂　一九九四年、五―七頁。
（2）Apple. M *"Curriculum in the Year 2000: Tensions and Possibilities"* 1983.
（3）佐藤　学『教育方法学』岩波書店　一九九六年、一〇六頁。
（4）今野喜清『教育課程論』第一法規　一九八一年、一九八頁。
（5）同前「教科構成原理を問い直す」『カリキュラム研究　第四号』一九九五年、六二頁。
（6）佐藤　学『教育方法学』岩波書店　一九九六年、一四三頁。
（7）アダムス『暴力についてのセビリア声明』平和文化　一九九六年、九頁。
（8）同前書、三二頁。
（9）朝日新聞、一九九九年八月四日　朝刊
（10）安彦忠彦『新版カリキュラム研究入門』勁草書房　一九九九年、二頁。
（11）ジブリがいっぱい collection『火垂るの墓』。
（12）今野喜清編『「いのち」を考える授業プラン48』小学館　二〇〇〇年、七〇頁。
（13）つちやゆきお『かわいそうなぞう』金の星社　一九七〇年。
（14）鶴見良行『バナナと日本人』岩波書店　一九八二年。
（15）NTV『知ってるつもり「キング牧師」』一九九二年三月八日。
（16）NHK『メディアは今「人命か報道優先か」』一九九四年六月三〇日。
（17）中野良顯編『これならできる教師の育てるカウンセリング』東京書籍　二〇〇〇年。
（18）大石又七『死の灰を背負って』新潮社　一九九一年。

(19) 豪日交流基金『オーストラリア発見』二〇〇〇年。
(20) 赤坂三好『わすれないで　第五福龍丸ものがたり』金の星社　一九八九年。
(21) 河上亮一『教育改革国民会議で何が論じられたか』草思社　二〇〇〇年、一四頁。
(22) 森嶋通夫『なぜ日本は没落するか』岩波書店　一九九九年、一一八頁。
(23) 西尾幹二　市販本『新しい歴史教科書』扶桑社　二〇〇〇年、二六七、二七七頁。
(24) ブートゥール『平和の構造』白水社　一九七六年、六頁。
(25) フレイレ、小沢有作訳『被抑圧者の教育学』亜紀書房　一九七九年、六六頁。
(26) 同前書、一九七九年、八〇頁。

第二節　子どもの生活にせまる福祉の授業

―家庭科における試み―

はじめに

福祉教育が注目されるようになって久しい。目隠し散歩、高齢者疑似体験といった体験学習が日常的に学校教育の現場で行なわれている。

これほどまでに福祉教育が普及した要因はなんだろうか。第一に総合的な学習の時間の新設に関して、そのテーマのひとつとして福祉があげられたことにある。また第二に高齢社会の進展に伴って、高齢化の問題が社会全体の緊急な解決課題となったこともあげられる。さらに第三には一九八五年の国際障害年を契機として、ノーマライゼーション思想が広く知られるようになったこともあろう。

一方で、一九八〇年代後半から、子どもたちの様子がなにかおかしい、と気付いた人たちがその解決策のひとつとして福祉教育を用いたことが、福祉教育の心の教育への傾斜を加速していったと考えられる。

―1―　福祉教育とは何か

私の福祉教育実践ことはじめ

高校の家庭科で私が福祉に関する学習を最初にとりいれたのは、一〇年前であった。当時、現行のカリキュラムが新カリとして発表され、高等学校の家庭科に「高齢者の生活と福祉」がとりいれられた。このことは、男女共修の実施と共に私たち現場の家庭科教員にとって大きな課題であった。

ちょうどそのころ、どちらかというとからだを動かすほうが好きな生徒の多い学校に勤務していた私は、車いす体験を授業に取り入れ、試行錯誤を始めた。

四〇人あまりの生徒に五台の車いすを割り当て近くの公園まで連れていって帰ってくる。それだけにどれほどのエネルギーを使っていたか、今思い出すだけでも疲れを覚えるほどである。生徒は障害のある人や高齢者の状況を理解するどころか、いかに乗りこなすかに執着していたのである。実際に体力あふれる高校生にとって車いすは格好のおもちゃであった。

事前学習が不足しているのかもしれないと、障害当事者の手記を読む授業を工夫してみたり、車いすの使い方に関するワークシートを使って丁寧に学習をすすめてみたりもした。

しかし、どうしても遊んでしまう生徒がでる。これは車いす体験だけでなく、高齢者疑似体験、アイマスク体験など各種の疑似体験にかかならず、ついてまわる課題であった。

当時の私は、福祉教育ととりたてて考えてはいなかった。ただ、子どもたちが暮らす社会にはいろんな人がいて、高校生の身近には少ない障害のある人や高齢者のことにも目を向けて欲しい、という思いが強かったように思う。

当事者との協同実践から

現任校に赴任したのち、友人を介して視覚障害者の三村栄子さんと知りあい、授業にきていただく機会を得た。このときも「生徒にとって身近ではない当事者の方の話を生徒に聞かせたい、自分と違う立場の人の暮らしを知ってほしい」と単純に思っていた。

しかし、三村さんとの授業を進めていくなかで、「三村さんを知って障害者を知ったつもりにならないでほしい。彼女のキャラクターの部分と障害の部分はわけて理解してほしい」と思い始めた。この思いは、子どもたちのなかにある「障害者はかわいそう」「障害者はたいへん」「だから助けてあげなきゃ」という固定化された考えのあることを肌で感じたことから湧き上がってきたものである。世のなかでは、この固定化された考えを差別、偏見と呼ぶのかもしれない。しかし、頭のやわらかい高校生には、まだ偏見として定着していないだろうどうにか広い視野のある考え方ができるようになってくれればという希望を私はもつようになった。

高校生への福祉教育

高校生の福祉に対する考えは「弱者を助ける」という言葉に集約される。困っている人を助けること、それが福祉であり、自分たち高校生は助ける側の人間である。助けなければいけないし、そのように教えられてきた。

一方で、福祉はまじめな人がとりくむものであり、堅苦しいもの、おしつけられたもの、偽善以外のなにものでもない、と否定的にとらえている生徒も少なからずいる。このような生徒の特徴は過去に福祉教育に関する負の経験を心のなかにかかえていることである。しかし、これまであまりこの否定的な感情を表現する機会もなかったのであろう、多くの場合頑固なまでに自分の思いを主張することが多い。

さて、このような多様な生徒とどのような福祉の授業を創っていこうかと考えるとき、私はこれまでこの生徒たちが受けてきた福祉に関する授業の画一性、硬直性を思わないではいられない。もちろん子どもの思いを細やかに受けとめた、優れた福祉の授業があることもよく知っている。

しかし、多くの場合、福祉の授業は子どもの本音が言いにくい場となっている。「どうしてからだの不自由な人をたすけなければならないのか?」という素朴な疑問や、障害者との交流を通しての、「なんだか怖くてよくわからない」という思いは抹殺され、「みんな同じ人間なのだということがわかりました」「私もなにか手助けしたいと思います」という模範的な感想で締めくくられる福祉の授業が多いのではないだろうか。

本節で問題としたいのは、そのような子どもの本音を抹殺した状況で展開される福祉教育の問題である。それは福祉教育における学校知の問題と呼んでもよいかもしれない。

福祉というものが本来、すべての人の幸せな暮らしをさすものであることからすれば、福祉教育における子どもの学びは、そのまま子どもたちやそれを取り巻く社会の幸福につながる実践となるはずである。しかし、ノーマライゼーション思想が普及したといわれながらも、まだまだ障害当事者にとって住みにくい社会において、これまでの福祉教育が本質的に子どもたちの意識を変容させるにいたっていないという事実がある。それは学校での学びが実社会での福祉を考える上で、子どもたちにとって意味あるものになりえていないということである。意識の変容がそのまま行動の変容つまり実践力に結び付かないという現実もある。

しかし、なによりも子どもたちが、福祉に関する社会問題を自分の問題としてとらええない現状、人ごととしての認識に終わってしまう状況が、現在の学校教育における福祉教育の大きな問題であるといえよう。

2 福祉教育の授業展開

家庭科における福祉教育実践の試み

そこで、福祉を子どもにとってヒトゴトに終わらせることなく、自分自身の問題として考えさせる授業の取り組みが必要である。これは現在の学校教育における共通の課題であるが、とくに日常性の低い障害者の問題、高齢者の問題を、子どもにとって日常的な問題とする工夫が福祉教育には必要となる。その際、家庭科教育におけるアプローチが有効であると考える。なぜなら、家庭科教育は子どもの生活のなかにある課題を解決するさまざまな実践を蓄積しているからである。

以下に、生徒の本音を引出しながら自分や自分の生活と社会とのかかわりを考えさせることを目的として実施した福祉に関する授業実践を報告し、そこでの子どもの様子、そして授業者である私の考えを、生徒の授業記録、授業日誌をもとにたどってみたい。

家庭一般の授業のうち身のまわりの社会保障について考える授業の一環として、第二学年の六月から七月および夏休みを使って実施した。

イ. 授業の設定意図

本実践では体験学習の位置付けを明確にした。生徒が福祉にかかわる問題を自分自身に引き寄せて考える契機として異なる二種類の体験を想定したのである。⑤視覚障害者との対話の授業は生徒が課題に気づくために、⑦体験活動は生徒が主体的に課題解決を行なうためにそれぞれ一連の授業のなかに位置づけた（**図1**）。

ロ. 授業の概要

図1を参照しながら、授業番号にそってその概要を述べたいと思う。

① 授業はまず、福祉のイメージを出し合うことからはじめた。生徒の画一的、ステレオタイプな福祉観を明らかにすることから、考えることがねらいであった。生徒の福祉に対するイメージは**表1**に示したように高齢者に関するものが大半を占めていた。

② つぎに、同じイメージをもった生徒でグループを編成しそのイメージを他者に向けて表現するというワークを実施した。模造紙全体をオレンジ色で塗りつぶしたグループ、高齢者介護の現場を寸劇でせつなく表現したグループ、ゴミ拾いのボランティアを演じたグループなどさまざまなイメージが表現された。ここでは他者のイメージ

表現を観る作業と共に、話し合いの時間が生徒にとって他者との対話という意味で重要であったと考えられる。

③ 福祉の定義（各自）では自信ある記述が多く見られた。この「福祉の定義」では「弱者を助ける」「ボランティア」「介護」「支えあい」が主なものであった。イメージ（**表1**）から大きな変化を見せ、「助ける」という言葉を用いた定義が大半を占めているのが特徴である。

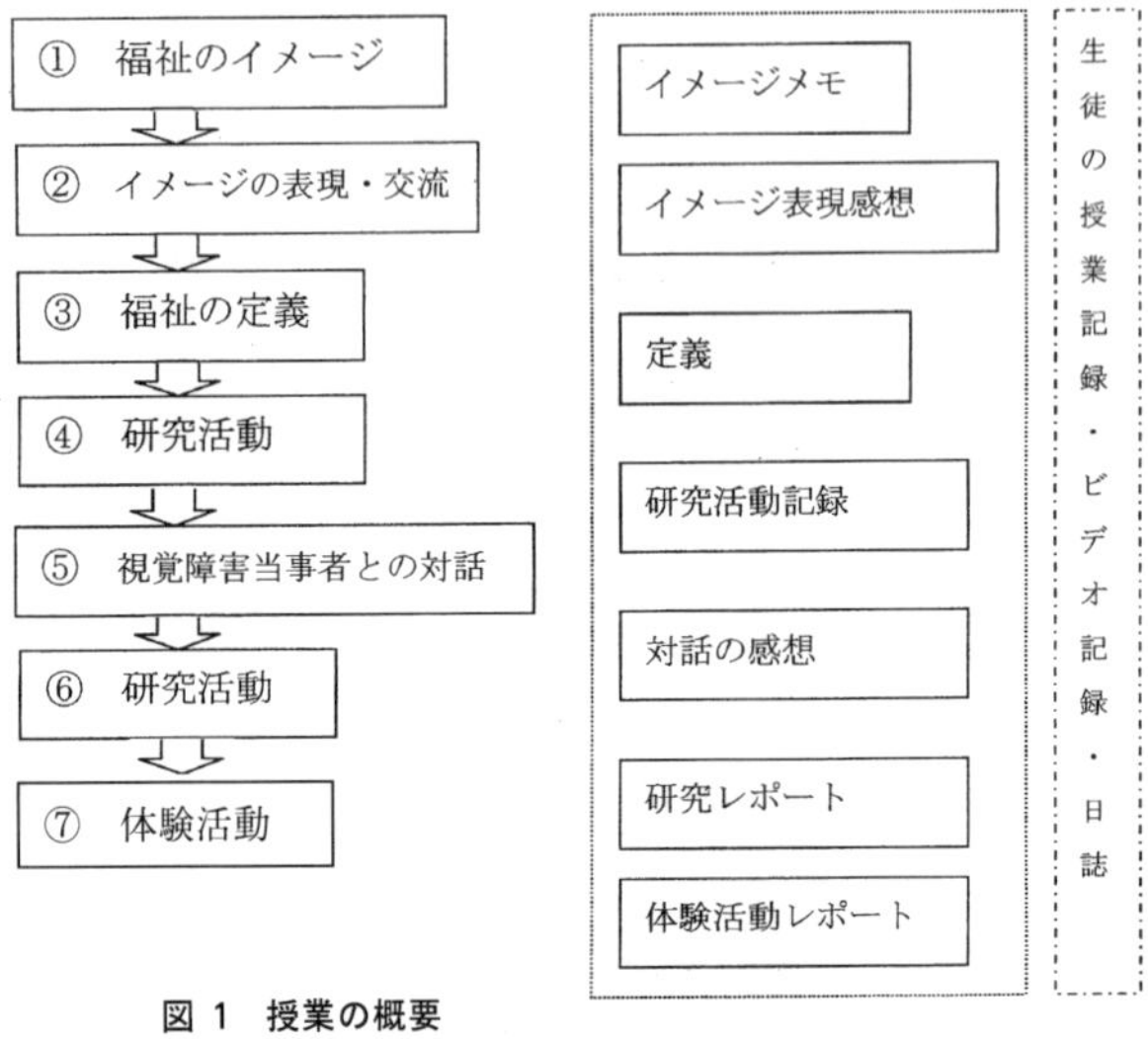

図１　授業の概要

表１　福祉のイメージ内訳

回答人数（人）

老人	16	老人ホーム	13	身体障害者	3
おじいちゃん おばあちゃん	2	介護	7	体が不自由	2
年寄り	5	老婆	1	車椅子	2
その他　（単位回答のもの）					
移動お風呂，介護福祉士，ヘルパーさん，社会的弱者他					

④ 各自が定義した福祉について、その疑問点を自ら洗い出し、それを解決する方向で研究活動を行なった。自分の定義に疑問点を見出す作業は、自ら、生徒相互に、教師がかかわって、という三段階をへて、さらに必要な生徒に対しては個別指導を繰り返して行なった。研究活動のテーマをこれだけの時間をかけて行なうことの意味は生徒の生活、思考に迫る課題設定を追及したかったからである。課題設定が生徒の生活体験に近いほどその後の研究活動が充実する。

また、調べやすそうなことに流れない工夫として、このような研究の方法をとった。

⑤　研究の途中に視覚障害者との対話の授業を設定し、研究活動における生徒の思考を深める手立てとした。この対話の授業は生徒の研究テーマを受けて「助ける」ことをテーマにした。障害者が助けられること、障害者を助けることを生徒、視覚障害者の双方の立場から意見を述べ合いそのズレを明らかにした。

⑥　研究活動を終え、生徒は研究レポートをまとめた。とくに知識情報の羅列でなく、自らの考え、主張を盛り込むことを評価基準と提示した。結果、自分の考えを経時的に綴る者が多く、思考の変容をよみ取りやすかった。

⑦　研究活動を通してこだわりをもった内容、関連する内容について生徒各自が体験活動を設定し、その妥当性、実現性をチェックした後、夏季休業中に活動に取り組んだ。その活動の結果を体験レポートとしてまとめた。

福祉の授業実践における生徒と授業者のかかわり

以上の授業を実践での生徒とのかかわりは、なまやさしくなかった。福祉が生徒にとって日常的でないほど、生徒は授業中、興味関心を示さない。これは個人的な興味の問題だけでなく、クラス全体としてのりが悪いという状況もある。実際私が担当した七クラスのうち、二クラスはなぜ福祉を学習するのか、という疑問が渦巻いていた。あるとき、あまり投げやりなクラスで、なぜみんなにとって福祉の問題がヒトゴトなのだろうと問いかけてみた。そのクラスの考える作業を嫌っているところが気になったのである。最初はちょっとした問いかけのつもりだった。しかし、話しているうちに、私自身の福祉教育への思いを語ってしまっていた。知的障害のある長女の話までしてしまい、感情的な話ぶりになってしまっていた。

その日の授業の感想には、「自分の個人的なことを授業に、もち込んで欲しくない。それは身勝手だ」という意見を記す生徒もいて私はプライベートなことを話してしまった後悔の上にさらにショックを受けた。自分自身のすべてをぶつけて拒否される悲しさのようなものをからだ全体で受けとめたのだ。

その後、授業は私にとって苦しいものになった。常に自分自身の姿勢や考えを四〇人の生徒から問われている、状況だったからだ。しばらくは思いを伝える場面で、躊躇してしまうこともあった。

このように福祉をテーマに授業をするということは、教師自身の福祉観を鋭く追求されるものである。一般的なものの見方、考え方を生徒に提示するのでは、生徒の心を揺さぶることはできない。強い形での反発も抵抗も、こちらの思いを明確に示してこそ、生徒から返されるものである。

苦しみ、悩みながら授業を進めていくなかで、先に私への批判を示した生徒が、実は私の感情的な語りに、大きく揺れている、ということがわかってきた。揺れている生徒たちは毎時間の授業の感想に、「よくわからなくなってきた」「自分の祖母は今ねたきりです」というように少しずつ自分を語るようになっていった。

一口に揺らぎといっても、その揺れ方はさまざまである。驚きや迷いとしてそれを表現する者がいたり、授業者である私や当事者である講師に対する強い批判として表現される揺らぎもあった。このように揺らいでいる生徒に対しては、私は性急に答えを求めないことにしている。その子のやり方でその子なりに充分揺らぐことが必要だと思うからである。揺らぎを迷いとして自覚している生徒は、個別にそれを相談にくることもある。その場合は、時間が許すかぎりゆっくり話を聴くことにしている。また批判を繰り返す子には、私自身の考えを伝えることより、その子の思考を深める手助けとなるような疑問を提示しつづけることにしている。他者への批判から自分への問い直しへとつながってほしいと願うからである。

生徒たちの反応

このときの生徒たちは、福祉について自分の問題として考えようとする姿勢を示してくれた。生徒が授業の感想に「今まで考えたこともないようなことを一生懸命考えて疲れた」「思わずまわりの友達と議論してしまった」と書いてくれたように、福祉についてのさまざまな話題が教室のあちらこちらで議論されていた。その話題は

――福祉はこころだけでできるの

――障害のある人はどういうときに助けてほしいと思っているのか

というように、生徒たちの素朴な疑問や感覚から導かれたものであった。

最終的に研究レポートに残された生徒たちの考えた内容は、そのまま生徒たちの心の変容でもある。「日記になってもいいよ、研究をしたり、友達と話したりしながら考えたことをひとつにまとめてくれないかな」と書き方を示したこともあり、生徒たち一人ひとりの迷いや、驚き、揺らぎなど素直に表現されたレポートが多く出された。その採点作業はいつになく楽しいものになり、これからの社会を担うであろう生徒たちを頼もしく感じられた。

研究レポートに記述された生徒達の福祉に対する考えはつぎのようなものであった。

――最初の考えと今は少しちがう。私が社会的弱者といっていた人たちはほんとうに弱いのか、それはそうではない

――福祉は人を助けるだけでなく、人を支えて自分も助けられることなんだ

思考の変遷をたどったからこそ、「最初の考えと今はちがう」という率直な考えを述べているものと思われる。私は子どもにとっての研究活動というものは、このように試行錯誤のプロセスを自覚化するものであると思う。資料を収集してまとめ、レポートという形にして残すことだけではなく、自分自身で苦しみながら考えた軌跡を子どもが自覚し、よくやったなあと自分をほめてあげたい気持ちになること、深く考えた自分を自己肯定することであると思う。

この実践での研究レポート、体験活動レポートには、一連の研究活動における自分の変化を記述するものが多か

った。ここはその意味で充分な成果があったと考えられる。

3 生徒の意識変化の態様

生徒Tのこと

このときの生徒のなかに好んで議論をしかけてくるTがいた。彼は、社会問題に対する興味も強く、それまでの授業でもさまざまな研究活動に自分なりのこだわりをもって取り組んでいる生徒であった。

彼の福祉に対する考えは、はっきりしていた。

――福祉というのは困っている人を助けるしくみである。高齢者は若いときに十分働いているから、若い世代の助けを借りて暮らしていいのだ。彼らはそれだけ社会に貢献しているのだから

そこで、私は質問した。

――じゃあ、障害のある人はどうなの？　中途障害ではなくうまれつき何らかの障害のある人は？

彼はしばらく考えてから、自分の気持ちを確かめるように答えた。

――障害のある人は、障害と向き合う、という苦しみを負っている。それだけで十分努力して生きているのだから、苦しみの少ない人に助けてもらっていいんだと思う

ちょうど、このようなやりとりをして二年経った頃、大学受験のために予備校に通っていたTが家庭科室を久しぶりにたずねてきて話をした。

三時間ほども語ったであろうか途中に二年前の福祉の授業のはなしになった。Tとの議論も鮮明に憶えていた私は、その問題についてのその時点での自分の考えを話した。中心となったのは「障害当事者と出会う授業の効果」

についてであった。もちろん視覚障害者を迎えた私の授業に関しては、Tは否定はしなかった。しかし、

――出あうことが本当にいつもいいことなのだろうか?

Tにしては歯切れの悪い物言いであった。

それから、Tは小学校時代の自分の体験を語ってくれた。それは学校の近くの知的障害者施設の人たちとのかかわりについてであった。彼らに対して、Tは差別感をもったという。しかも、あからさまに差別的な侮蔑するような言葉を投げつけていたのだそうだ。そのことはTの心に負の記憶として残っているという。そのような中途半端な出会い方は、相手に対しても失礼だし、いま振り返っても自分が恥ずかしい。あんな体験はないほうがいい。Tは、言いよどみながらも全てを語ってくれた。

私は愕然とした。あれほど、なんでも話してきたつもりだったのに、Tはこのことは言えなかったのだという事実が、私に突きつけられた問題として迫ってきた。Tの福祉に対する考え方の底流にはこの体験があったのだ、ということがTとの議論を思い出しながらようやく納得できたのだった。

私は、Tに向けていった。

――たとえ、あなたのその体験が思い出したくないほど恥ずかしいものだとしても、当事者の人たちと出会わなかったらもちようのない感情でしょ。その感情があれば、そこから考え始めることができる。現にあなたは自分のなかにあった差別感や偏見を考えるきっかけになったでしょう。だから当事者の人たちとの出会いは、それは理解しあうだけの十分な工夫があったほうがいいけど、そうでなくてもいいと思う。出会うことだけでもいい。まったく出会わずに、考え始めることもしないよりはね

その後、しばらく、この問題に関してメールでのやりとりが続いた。会って話をする機会もあった。それは、私にとって、自分自身の福祉に対する思いを問い直し、生徒へのメッセージを再確認する作業でもあった。

以下に、録音記録、メモ、メール記録をもとにして、福祉に関する彼のライフヒストリーを表してみたい。

生徒Tの福祉に関するライフヒストリー

僕は、小学校の時いじめられて、そこからいろいろなことについて考えるようになった。いじめられたのは、かけっこがおそかったから、理屈をこねるのがうまかったからだ。当時の僕はまわりの友人にとって目障りな存在だったのだろうと思う。

小学校の三、四年の頃、通っている小学校の近くに、福祉作業所があった。そこには自分たちより体格のいいどうみても大人のような人たちが、作業をしていて、その人たちの帰宅時間が僕たちの下校時間と重なって顔を合わせることが多かった。ちょうどその時期の僕たちは、多くのその時期の子どもがそうであるように、遠慮なく、その人たちに不躾なことばを投げかけていた。今思うと差別したり侮蔑したり、人間としてやってはいけないことだったのだと思う。でも、友だち同士何人かでいるとそのような行為はとくに疑問ももたずにやってしまえるものだ。しかも、差別的な言葉を発したり、バカにするという行為に対してはいけないことというぼんやりしたものはもっていたので、決して大人のいる前ではやらなかった。年に一度作業所が地域に開放されるお祭りのようなものがあった。僕は友だちと出かけていっては楽しんでいたが、そんなときは施設の職員の人がいるということを十分わきまえていて、決して馬鹿にしたりということはしなかった。この当時、僕にとって、この作業所の人たちを差別することがすなわち、自分へ向けられた差別感を和らげるものでもあった。実際に友だちとみんなで、彼らにひどい言葉を投げつけている間は、自分自身がいじめられるということはなかった。僕がすっぽりはまっていたいじめの構造のなかに、当事者の人たちがうまくはいってきたということだ。今考えても、このいじめられるという体験は、僕自身のその後の思考に少なからず影響を及ぼしていると思う。

小学校高学年になったころには下校時間が遅くなり、彼らとも会うことが少なくなって、自分のなかで作業所のことはほとんど無関係になっていた。そして、記憶のなかからもなくなっていった。

中学校の二年生の頃だったか、区報かなにかで「スキーをしませんか？」という地域の活動団体の広告を見つけ、自分で出かけていった。スキーが上手になりたいという純粋な気持ちからだ。シーズン中のスキー教室を終えてみると、そのグループがほかにもさまざまな活動をしていることを知った。障害者との交流会など福祉にかかわる活動もあった。スキーはスペシャルメニューであって、福祉に関するものがレギュラーの活動のひとつとしてあるということがわかった。それで、そのままの成り行きでその福祉に関する活動にも参加することにした。

その活動では、さまざまな障害当事者と出会った。でもその人たちとの出会いは特別なものではなく自分にとっては自然だった。だからであろうか、小学校のとき、自分たちのやっていた差別的な言動を思い出して、自分は卑劣な人間だという自覚をもつようになった。

その後、その団体での活動に対して違和感をもつようになって、足が遠のくようになった。自然な交流と思っていてもどこかに健常者のやってあげるという気持ちがあるような、感じだった。ちょうど高校受験を控えて現実的になっていたことも大きな理由であったと思う。

高校一、二年の頃は自分でも、あまりよくない状態だったと思う。最愛の女性とのできごとが大きくかかわっている。生きていることの意味をずっと探していた。

高校二年のとき、福祉の授業があった。僕は障害当事者をよんで対話する授業は正直いってあまり好きではなかった。見えみえの感じがあったからだ。たぶん多くのクラスメートにとっては、日常的に考えていないことを考えるきっかけとしてよかったのかもしれない。でも、日常的に、それも過去の経験を思い出しては考えている自分にとっては、やらされる授業は、その意図がわかっているだけに嫌だった。

ただし、福祉の授業はパフォーマンスがあったり研究活動があったり、一つひとつの授業が「何でこんなことやるんだろう？」と読めない部分があって、どうつながるのか読む作業をひそかにしていた僕としては、結構楽しめた。だから、正面きって対話の授業を否定するつもりはなかった。トータルとして意味があればいいと思っていたから。

僕はその当時とくに気持ちのゆれが大きかったから、なにか書いて提出するものはあまり出していないと思う。一度夏休みの体験活動レポートを未提出だったとき、先生に言い訳をしに行ったことがある。そのとき、先生は自分の子どもの話をして、なぜ福祉について学ぶのか、ということを熱く語ってくれた。僕にとって日常ではない障害者とのかかわりが、先生にとっては日常なんだなあと思った。同時にそんな深い思いがあって福祉の授業をやっていたんだということを知って、たまらなく申し訳なくなった。

僕は社会のこと全般、福祉や障害者についても考えている方だと思っていた。実際僕の周りにはなにも考えていないやつが多すぎる。深い話のできる友だちはごく少数だ。でもそんな僕にとっても、障害者は所詮非日常だということを思い知らされた。それくらい、先生の子どもの話を聴いたときはショックだった。

でも、先生の熱い思いに接する一方で、授業で取り組む福祉の問題に関しては疑問をもたざるをえない。なぜなら評価されるからである。現に小学校の頃の自分の卑劣な行為に関しては、高校在学当時は決して言えなかった。そのことで評価されることを恐れたからだ。福祉教育が生徒の内面的な成長をめざしていることはよく知っている。でも学校で行なわれる授業であるかぎり、僕たちは評価される。評価されるとき、僕たちは弱みを見せてはいけない。マイナスになる要素はないほうがいい。だから言えなかった。どんなに福祉に対する考えを深めて、過去の自分の体験について思考しても、評価者である先生には言えなかった。

生徒Tとのかかわりから考えたこと

彼とのやりとりのなかで、私が強く感じたことは、私がどんなに努力をしても授業者・評価者としては権力をもつという事実だった。こんな単純なことに、私は無自覚だったのである。日常的に生徒たちの評価に対する敏感さを肌で感じていながらである。福祉の授業のように情意にかかわる学習では、生徒との一対一の関係を大切にすることで乗り越えられるような錯覚をもっていたのかもしれない。

高校に入学した時点ですでに九年間も評価される立場を経験している生徒にとって、授業者・評価者としての私はどのように映っていたのであろうか、授業自体はどのようにとらえられていたのであろうか。

学校教育での福祉教育の限界のひとつはここにあると思う。我れに向き合い、評価されるべき必要のある教師が、生徒を評価しなければならない。この矛盾が福祉教育の限界である。しかも生徒はどんなに変容を遂げてもそれを十分に表現できる生徒でなければ、納得の行く形での評価は受けようがない。授業としての福祉の限界である。

4　考察と課題

生徒Tのライフヒストリーを読みとく

では、この限界をどのように乗り越えていけばいいのだろうか。その解決の方策を模索するために、先のTのライフヒストリーを読みとく作業を試みたいと思う。

Tは在学当時から、思考の深い生徒だということは折に触れて感じていた。福祉に対する考えもそのような生徒だから深く考えているのだと思っていた。しかし、彼の思考の基盤には体験があった。小学校時代の知的障害のある人たちとのかかわりが負の体験として根付いていたのだった。彼が視覚障害当事者との対話の授業をやらされる体験として、受け入れがたかったのは、「わざとらしさ」にあったのであろう。

在学当時自我の確立期でもあった彼は、自分自身を否定せざるをえない状況にあった。そこでのやらされる対話の授業は負の体験を思い出すものとしてマイナスに働いている。ただし、彼の周りの友人に対しては必要な授業だったかもしれないと考えているところからは、日常的にそのような思考を深めた対話を生徒同士が行なっていないことがわかる。福祉の授業が個別性を追求するのはこのように、生徒の福祉に対する考えやそれまでの体験がさまざまであり、同じ授業でもその受けとめ方が多様であるからである。

彼にとって福祉への考えを問い直す契機となったのは、視覚障害者との対話の授業や研究活動ではなく、授業者である私のプライベートな話であった。それも、クラス全体への呼びかけではなく、個別的な一対一の語りかけであった。私自身は彼にそのときの話をされるまでは、ほとんど記憶に残っていないような日常的な出来事だった。先にも書いたように当時の私は、授業で長女の話をして打ちのめされた経験を経ていたので、プライバシーを語ることにかなりのためらいがあったと思う。それでも、Tの体験活動レポート未提出の言い訳に対して、彼に対する残念な気持ちを表現するために、つい長女のことを語ってしまったのである。

「生徒の琴線にふれる」これは意図してもうまくいかない場合がある一方で、意図せずとも自分自身をさらけ出してかかわることで、可能な場合もある。Tの場合は私がTに自分の思いを語るという向き合い方をしてようやく琴線に触れることができたのかもしれない。

実際、彼の授業中に書いたものや研究レポートは観念的なものが多かった。深く思考した結果は表現してあるが、どこか自分から突き放して考えているというものだった。これは、彼が物事を抽象的な概念として表現するのが好きであるというだけでなく、無意識に自分の問題として考えることを避けていたためと思われる。

Tの場合は、自分自身の思考の軌跡を言語化できる能力があったため、福祉の授業で評価されることの違和感を率直に伝えてくれた。しかし、多くの生徒は福祉の授業で評価されることを仕方のないことと感じ、突き詰めて考える作業よりは、そこそこの評価をもらうために要領よくやってしまおうという気持ちが働くのではないだろうか。だとすれば、研究活動のなかで、もっと生徒を揺さぶる作業をしなければならなかったのではないだろうか。これが授業実践を終えての、私の大きな迷いであった。大きく揺らいでいる生徒がいる一方で、自分の思考や生活への姿勢をなにも変えようとしない生徒もいる。揺らがない生徒を少しでも揺さぶる手立てを考えなければ、福祉の授業としては意味がないのではないか、そう思った。

しかし、当時から二年の歳月を経て、その後、授業での生徒たちとのやりとりを経て今考えることは、一度で揺らがない生徒に対しては、繰り返し揺さぶってみようということである。それは、授業が終ってから機会を見つけてやればいい。そう思うようになった。

先にも述べたように、子どもの福祉に対する意識は、それまでの育ち方や家庭環境、そのときにその子がおかれている状況など、さまざまな要素が絡み合って成り立っている。どのようなアプローチをすればどのような揺らぎ方をするかということは、すべてを予想できるものではない。

そう考えると、生徒の様子を先入観を排して注意深く観察することが、生徒を揺さぶる基本となろう。また、生徒の揺らぎを側で見守り、生徒からの問いかけに個別的に丁寧に答えていく、これを繰り返すことが大切だと思う。

もちろん、授業実践はそれ以前の実践より少しでも多くの生徒の心に届くような、本音の部分に迫るようなものを工夫する必要はある。福祉教育が即時的な子どもの変容ではなく、その後の人生における福祉に対する思考の契機となることをめざしている点から考えると、授業実践の質の問題よりは教師と子どもの関係性をより重視しているかのように思われるかもしれない。しかし授業はあくまでもはかりごとである。学習の目標を明確にして、授業実践を計画し、実施することは授業者として重要な責務であると考える。

福祉の授業の評価ついて

先にあげた評価の問題に関していえば、可能なかぎり評価の基準を事前に生徒に提示していくことを心がけたい。そのためには、その授業でめざすことを抽象的な概念と具体的な方法で丁寧に生徒に説明することが必要である。生徒の本音を引き出すさいには、授業の目標や評価基準を伏せておいた方がよいこともある。しかし、可能なかぎり、タイミングを見図りながら、評価する基準をわかりやすく示していくことが大切だと思う。この評価基準のかぎりに、「教師に対する批判や授業に対する批判をすることが、評価に影響しないということ」「自分自身のネガティブな感想を表現することが悪い評価につながらないこと」「自分自身の考えをそのまま表現することが重要であること」が含まれてくると思う。ただし、このような評価に対する考え方は福祉の授業だけでなく生徒との関係をつくっていくときの基礎となるものである。この基準は言葉として繰り返し生徒に伝えていく必要がある。とくに、「あるべき姿」をある程度身につけている高校生にとって、この基準を示すことは、子どもの本音に迫る上で重要な意味をもつと思われる。

評価に対する基準をつくる上で一方で、授業者として学習の目標を段階的に構造化したものを明確にする作業が必要となる。その授業でなにを目標とするのか、そのためにどんな方法を用いるか、最終的には生徒にどんな力を身につけてほしいか。授業を経験と勘に頼るだけでは、この作業はできない。授業そのものの計画の際に子どもの状況と身に付けて欲しい力を考慮し、評価のことも視野に入れて目標設定を行なうことが重要であると考える。

本実践のレポートには、各人に私の感想を記して戻した。生徒ごとメッセージを寄せたことは大変好評であった。生徒は数字で表される評価ではなく、個別的な言葉による評価を望んでいるのである。福祉のような情意にかかわる授業は、こちらの情意も含めた絶対的な評価を個別に返していく作業が必要なのだと思う。

終わりに

福祉の授業の実践から、私の考えたことを思いつくままに書き綴ってきた。私の授業は「教科書のいらない授業」「終ってみてはじめてその意味がようやくわかる授業」とよく生徒に言われる。「これは、家庭科なのか?」という問いもよく発せられる。たしかに、家庭科という教科の枠をはずしても取り組むことができるかもしれない。しかし、子どもたちが生活を見つめる視点をもつ、実際に生活とかかわることを体験しながら考えることを大事にし、私は家庭科という教科にこだわりをもちたい。それと同時に生徒と一緒に体験することが大好きである。高校三年間は、生徒が子どもから大人への階段をのぼっていく途上にある。さまざまな体験を通して、また考える作業を通して変容していく生徒たちを、これほど間近で観ることのできる位置にいることに、私は喜びを感じている。

だからこそ、少しでも子どもたちが大人になるために避けては通れないさまざまな問題を解決していく力を育むために自分自身の身の回りから社会へと向かう視点を培いながら、授業を創っていきたいと思う。

最後に、本節をまとめるに当たって、個人的なやりとりを公にすることを許してくれた私の大切な友人、鶴田幸太郎くんに心からの感謝と敬意を表したい。彼彼女たちには私自身の授業への問い直し、福祉に対する再考など、たくさんの示唆を得ることができた。

「こころからありがとう、また授業、頑張ろうというエネルギーがわいてきました。」

この言葉を結びの言葉に代えさせてもらうことにする。

(河村美穂)

第三節　子どもの自然認識を捉え直す

―素朴概念から科学的概念へ―

はじめに

理科の学習では、直接体験を重視する考えに立ち、子ども一人ひとりが自然の事物・現象にはたらきかけをする。そのなかから、不思議さや驚き、疑問などを感じ、自分の問題を見つける。つぎに自分の問題に対する予想を考える。予想を検証するための観察や実験方法を考え取り組む。そして結果を蓄積しそこで得たことがらから、「科学的な見方や考え方」を培っていくという学習の過程を歩む。しかし、結果に行き着くまでに子どもらしい日常の生活体験や就学以前に形成・獲得された非科学的なものの考えが随所に見られる。このような子どもらしい考えを「素朴概念」と呼んでいる。このことが科学的概念の形成を妨げる原因のひとつと考えられている。

素朴概念の定義について滝沢らは[1]、「子どもや、子どもばかりではなく初学者が学習を始める以前からもっていたり、学習を初めて以後もったりすることのある主として自然現象に関する知識や考えで、習熟したものからは通常正しくないと見なされる概念のことを指す」と述べている。

また、鈴木らは[2]「身近な事物や現象についての日常的な観察や思考や課題解決において、我々が使用している常識的な心的モデル」を「素朴概念 *naive concept*」と呼んでいる。

さらに、「素朴概念」と併存する用語として、ミスコンセプション（*mis conception*）、プリコンセプション（*pri-conception*）、オールターナティブ・フレームワーク（*alternative frameworks*）、子どもの科学（*children's science*）等が関係してくると述べている。

堀は[3]、科学の知識や考えおよび概念からすると間違っているという点を強調すれば“*mis*”（誤）がつく。科学の知識や考えおよび概念に至る前段階を強調するのであれば“*naive*”（素朴）”“*pri*”（前）が用語の前かあるいは接頭語としてつく。さらに、科学の知識や考えおよび概念とは別のものである点を強調するのであれば“*alternative*”（代替的）、“*children's*”（子どもの）などの用語が用いられことになると述べている。

したがって、「素朴概念」の定義はまだ確立していない。ここでは上記の全てを総称として「素朴概念」と呼ぶ。

1　子どものもつ「素朴概念」

子どものころにだれが一番遠くまでボールを投げることができるか競争をしたことはないだろうか。低く投げても飛ばないし、高く投げても遠くへ届かない。そんななか、遠くへ投げる子がいてどこかにきっとコツや秘密があるのだろう。よく見ていると投げたボールは低からず高からず、ちょうどその中間くらいの高さを見る見るうちにはるか彼方へと飛んでいく。なるほどこれだなと思い真似をして投げてみると、思ったとおりにボールは遠くへ飛んでいった。この場合は遊びのなかから、中間くらいの高さで投げると遠くへ飛ばすことができることを知恵として獲得していったわけである。この法則はのちに中学校の等速度運動として学ぶわけだが、このような生活体験を通していることが、学習を進めるにあたりイメージを膨らませながら考えることができ、問題解決の糸口を探り当て理解等をも容易にする場合もある。

さて、理科の学習をする過程で、子どもは実におもしろい発想をもち合わせ、また、いろいろな角度から自然を解釈し、子ども独自の科学をつくっていることが、理科学習の会話のなかで見られる。その会話の中身は生活体験を基盤にしたものや本やテレビで見たことなどさまざまである。しかし、多くの場合、「科学的な概念」を形成しているとはいい難く、子どもらしい「素朴な概念」を持ち合わせていることが多い。さらに学習したにもかかわらず、自分の持ち合わせていた概念に戻ったり、自分の考えを変えようとしない子どもも見られる。

小学校第五学年の「ものの溶け方」の学習を例にあげてみる。

ビーカーに水五〇㎖を入れた後、食塩を加えかきまぜて溶かす。ビーカーを観察すると無色透明である。そこで、さっき入れた食塩はどこにあるのかという問いを投げかけイメージ図を描かせる。すると、水のなか全体に広がり混ざり合っている状態として答えている者は四割程度で、他には食塩は重たいからビーカーの底にあると思ったり、食塩を自分で今入れたにもかかわらず、その食塩は溶けてなくなったと考えている子どももいる。溶けてなくなった子どもを除き、つぎに一日たった食塩水はどのようになっていると思うかイメージ図を描かせる。八割の子どもが食塩には重さがあるのでビーカーの底に沈んでいると答えている。

これらの誤解答の理由を探ると、紅茶等に砂糖を入れて飲んだ際、残りのわずかを飲んだときが一番甘かったとか、カップの底に砂糖が残っていたことをあげている。また、これは溶かしているという概念からはずれていることではあるが、泥水遊びをした後、土が沈殿している様子を食塩にも適用している子どもも見られる。子どもの頭のなかには混ぜることと融解・潮解・溶解がひとくくりになっていることもしばしば見受けられ、「素朴概念」や「誤概念」を生んでいる例といえる。

小学校では最高学年にあたる六年生になると学習も進み、生活体験も多少増え、物の見方や考え方も客観的になってくる。その六年生が学習する「植物のはたらき」について筆者が多少研究を深める機会に恵まれたので、そこで明らかになった「素朴概念」等について、述べたいと思う。

2　「植物のはたらき」の学習を通して明らかになってきたこと

《学習活動計画A案（統制群）による認識予備調査》

調査目的・調査対象等

小学校第六学年の子どもは、指導要領A区分(4)の内容に沿って、根・茎・葉についての植物のはたらき及び光合成について学習する。

その前段階の学習としてつぎのようなことを既習済みである。第三学年では、主に植物の体が根・茎・葉からできていて、種類によってつくりの特徴がちがうことを学ぶ。第四学年では、植物の運動や成長が季節や気候によってちがうことを学ぶ。第五学年では、植物の発芽、成長及び結実のしくみを調べる。

このように小学校理科における植物の学習では、内部・外部形態・生理・有機物の生成などを系統的に学習するわけである。

しかし、上記の植物単元について子どもがどのように認識しているか等の研究報告は少ない。その理由として、植物単元は季節やその地域の環境などに左右されデータが集めにくい等があげられる。

そこで、植物の学習を終えた第六学年の子どもたちが、植物のはたらき及び光合成についてどの程度、どのように認識し、卒業していくのかを調査し傾向を分析することにした。この結果に応じて、新たな方略を模索し提案することが目的となる。

——調査対象校及び調査人数は、東京都の公立小学校七校
埼玉県の公立小学校二校　調査人数の合計　七三四人

指導に用いた教科書は東京書籍[5]と大日本図書[6]
調査時期は、平成一二年三月上旬
調査方法は、質問紙法を用いての選択肢式問題及び一部記述式による

調査内容と結果・考察

イ．葉のはたらき

表1　「葉のはたらき」における認識調査集計表

（　）は%

ビタミン	たんぱく質	しぼう	でんぷん	その他
11(1.5)	30(4.1)	4(0.5)	682(93)	7(0.9)

表 2　「新しいジャガイモの成分」における認識調査集計表

（　）は%

ビタミン	たんぱく質	しぼう	でんぷん	その他
26(3.5)	137(18.6)	8(1.08)	357(76)	6(0.8)

第1問　**ジャガイモの葉に日光があたると、葉の中には何ができますか。一番多くできるものを一つえらんで○で囲んでください。その他をえらんだ時には、その名前を書いてください。**

①ビタミン　②たんぱく質　③しぼう　④でんぷん　⑤その他

調査結果（表1参照）

考　察

表1に示したように、この問での正答の選択肢④「でんぷん」が九三％と圧倒的に多かった。これはジャガイモの葉にでんぷんができるかどうかを問題にし、おおいをした葉としなかった葉では、どんな違いができているかの実験をした。その後、アルコール脱色による方法ででんぷん検出の実験を行ない、視覚によりでんぷん反応を認識でき、記憶として保持できていることを示唆していると考えられる。

ロ．新しいジャガイモの成分

第2問　**新しくできたジャガイモには、何が多くたくわえられていますか。一つえ**

えらんで○で囲んでください。その他をえらんだ時には、その名前を書いてください。

①ビタミン　②たんぱく質　③しぼう　④でんぷん　⑤その他

調査結果（表2参照）

考　察

この問では表2に示したように、選択肢②「たんぱく質」と答えた誤答が二割弱と意外に多かった。これは、家庭科の学習でジャガイモを中心に調理実習を行なう。その際に、ジャガイモの成分についても学ぶ。教科書には、(7)つぎのように記述されている。「ジャガイモのおもな成分は炭水化物（でんぷん）で、ビタミンCや食物せんいもふくまれています」とある。また、図にもジャガイモの成分という表記で、炭水化物一七%、たんぱく質二%、しぼう・無機質・ビタミン一%が含まれているとある。家庭科の教科書には、でんぷんという言葉より炭水化物という言葉を使用している。このようなことも影響しているのではないかと推測される。

ハ．でんぷんの転流

第3問　2の問で答えたものは、どこからきたと思いますか。一つえらんで○で囲んでください。その他をえらんだ時には、その名前を書いてください。

①たねいも　②くき　③葉　④土　⑤根　⑥その他

調査結果（表3参照）

考　察

この問では、表3に示したように誤答である選択肢①「たねいも」をえらんだ子どもが二六・一%と予想以上に多かった。たねいもの養分はジャガイモの生長に使われ、たねいも自体もぐじゃぐじゃになり、ヨウ素液をたらしてもでんぷん反応がまったく見られない状態を観察している。それにもかかわらず、たねいもにあったでんぷんが根を通して新しいジャガイモに伝わり、そのでんぷんを貯蔵し、たくさんの新しいジャガイモになったものであるという理由を述べている。ここに総称としての「素朴概念」が存在することになる。

たねいものつぎに誤答として多かった選択肢⑤「根」は一七・六%という調査結果になった。子どもの理由のひとつに、根にでんぷんがありそれが肥大したものであるからと述べている。サツマイモの育ち方と混乱した誤概念、誤認識が見てとれる。また、根のはたらきは養分や水分を取り入れるという考えをもつ子どもたちのなかにも誤概念が見られる。さらに驚くことに、調査の1では九三%の子どもたちがでんぷんは葉でできていると答えているにもかかわらず、新しいジャガイモが根とつながっているように見えるためか、思考や認識に乖離している事実がうかがえる。

誤答を合計すると五六%にも上ることから、「でんぷんの転流」について「科学的な概念」を形成しているとはいえない。学習活動計画及び学習材の扱い方に問題があるといわざるをえない。

以上から、植物のはたらき及び光合成についての「素朴概念」を「科学的な概念」に変える学習活動計画の立案及び学習材の開発を工夫し、教授・学習する必要があろう。

表 3 「でんぷんの転流」における認識調査集計表

（ ）は%

たねいも	くき	葉	土	根	その他
191(26.1)	30(4.1)	325(44)	46(6.3)	129(17.6)	13(1.8)

3 学習材の基礎的研究

目的

前項で明らかになったことを踏まえつぎの実験に取り組んだ。たねいもや根を取り除いても新しいジャガイモが

流していくことが重要である。その結果、「でんぷんの転流」における「科学的な概念」は形成されるものと考える。そのために、さし芽という方法を取り入れて学習を展開することにするが、さし芽が容易であり、栽培活動や観察なども適切に行なえるかどうかの検証をすることがここでの目的となる。

そしてさし芽が容易にでき、栽培活動や観察も可能であるという結果が出れば、活動計画に位置づけることにより、新しいジャガイモのでんぷんはたねいもや根からきているという「素朴概念」から、葉でできたでんぷんが転流していくという「科学的な概念」に変容する糸口になるものと考える。

観察・実験の結果と考察

図1の写真はさし芽をして、カルスが形成された後[8]、不定根が伸び[9]、子いもを付けた様子である。頂芽がある茎を使用し、葉を三枚に調整したさし穂を用いた。

さし芽を行ない、一ヵ月後に撮影したものである。子いもは、二週間後には小豆大に生長し、その後パチンコ玉位の大きさに生長した。培地は黒土によるものである。

イ．さし穂の調整（さし穂をつくる際の容易さについて）

茎に硬い筋や節もなく、手間がかからずさし穂を調整できた。葉を四・五枚残すことと、さし穂の切り口をつぶさずに、培地にさすことは大切である。切り口をつぶしたものは、カルスの形成が悪く発根しないことが多い。鋭利なカッターナイフなどで切り落とすのがよい。また、できればさし穂は頂芽を用いる方がよい。植物の生長には頂芽優勢[10]という特性がある。

ロ．発根から小豆大のジャガイモの形成が見られるまでにかかる期間について

さし芽をしたものを日陰と半日陰に置いて、発根及び小豆大までジャガイモが形成するまでを観察しながら比較してみた。

茎の半分以下を切り落とすので、植物体にとってはというダメージがともなう。とくに保水管理の煩雑さや蒸散が激しくなる日向は避けなければならない。そこで、日陰（約五〇〇ルクス）と半日陰（約五〇〇〇ルクス）で観察・実験してみた。その結果、半日陰に置いた方が一一日から二〇日以内で発根し、小豆大のジャガイモの形成が確認できた。日陰で栽培したものは、光合成の効率が落ち、発根に時間がかかった。

ハ．さし穂の時期

三月下旬にたねいもを植え付けるとジャガイモも順調に育ち、水の管理がしやすい梅雨時の六月頃には、さし芽に適したさし穂の調達がなる。

ニ．培地の選定について

①黒土、②赤玉土、③鹿沼土で観察・実験した。一般的に、土そのものに養分が含まれていない土がよいとされる。雑菌が含まれていないためである。しかし、黒土でも発根までの日数はほぼ変わらず、雑菌による障害も見られなかった。子どもの栽培経験からすると、そのまま黒土いわゆる畑の土にさし芽をする方が一般的と考える。

以上の結果から、ジャガイモのさし穂は容易に調達でき、さし芽の栽培期間も二週間位で観察することが可能になり、観察・実験の結果及び結論を導き出すことも容易である。さし芽は、栽培・観察学習を進めていく過

図１　ジャガイモの茎をさし芽した後、子いもが形成した様子

程で、適切な学習材であることがわかった。

つぎに、さし芽を学習活動計画に位置づけて学習を展開することにより、「素朴概念」から「科学的な概念」への変容が見られるかを検証するために活動計画B案（実験群）を立案する。

4　学習活動計画B案（実験群）の構成

単元名「植物のつくりとはたらき」

単元の目標

葉に日光が当たってつくられたでんぷんは、生長のために使われたり、新しいイモなどに蓄えられたりすることや、でんぷんの通り道になる植物体の内部のつくりやはたらきについての見方や考え方を養う。

具体的目標

イ．自然事象への関心・意欲・態度

――新しいイモのできるようすに関心をもち、進んで新しいイモのでき方を調べ、その不思議さを感じる

――でんぷんのでき方に関心をもち、進んで植物体内のつくりやはたらきを調べ、仕組みや不思議さを感じる

ロ．科学的な思考

――新しいイモのでんぷんがどこからきているか、既習経験をもとに考えることができる

――日光の当たり方と葉のでんぷんのでき方の結果から、植物は葉に日光があたるとでんぷんができるのではないかと考えることができる

――日光をあてた葉とあてない葉ででんぷんができているかどうか調べ、記録することができる

ハ．観察、実験の技能・表現

――植物の葉に日光があたると、でんぷんができることをヨウ素液を使い、調べることができる

――葉にできたでんぷんは、生長に使われたり、新しいイモ等に蓄えられたりするのがわかる

ニ．自然事象についての知識・理解

――新しいイモは、葉でつくられたでんぷんが蓄えられたものであることがわかる

――植物体内のつくりやはたらきについて、予想・実験方法・結果・言えることを発表しあい、結果を導きだす

学習活動計画Ｂ案（実験群）の特徴

学習活動計画Ｂ案は、初発の課題及び事象提示から疑問や問題を見いだし、その疑問や問題を自らの考えや方法で追究し解決していく、複線型の問題解決学習の一方法である。

この活動計画案の具体的な特徴は、つぎのようである。

第一は、学習材においては、ジャガイモのさし芽を観察・実験の過程に位置づけたことである。学習材としての活用のめどは前項で述べたとおりである。このことにより、新しいイモのでんぷんはどこでできたのかという、事前調査で誤答約八割をしめる総称としての「素朴概念」を解消できるものと考えられる。

第二は、活動計画を従来の一課題一回答の単線型の問題解決学習とせず、自分の疑問や問題にこだわりをもち、結果が出るまで追究する場や時間を確保し、やり直しや見直しができる、複線型の問題解決学習を立案し、植物のはたらき及び光合成についての「科学的な概念形成」をめざしたものである。

活動の流れは、課題及び事象提示後、自らの一番の疑問や問題と思われることについて意識をもち取り組みはじ

図 2　学習活動計画B案

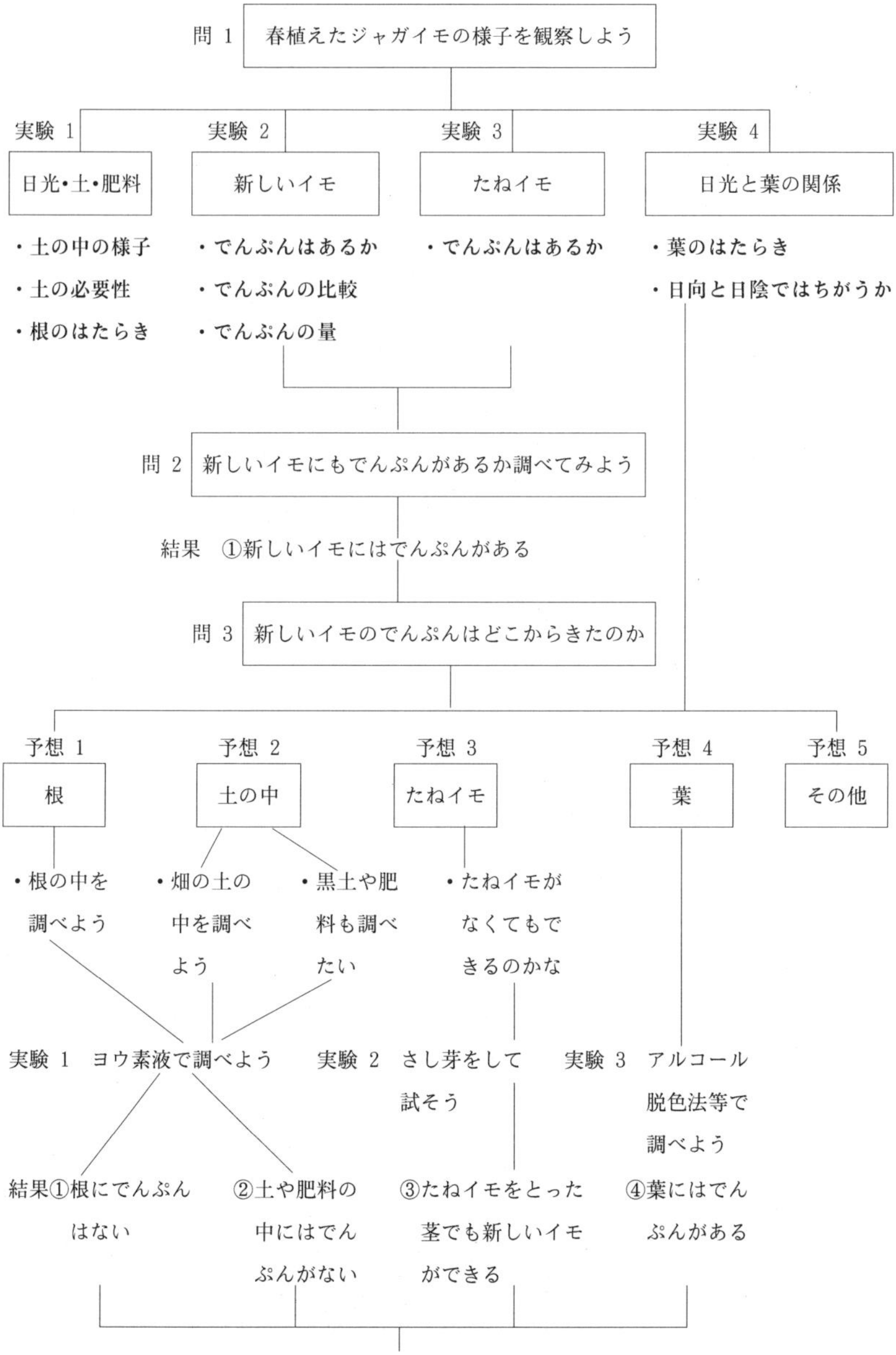

問 1
春植えたジャガイモの様子を観察しよう
実験 1
日光・土・肥料
・土の中の様子
・土の必要性
・根のはたらき
実験 2
新しいイモ
・でんぷんはあるか
・でんぷんの比較
・でんぷんの量
実験 3
たねイモ
・でんぷんはあるか
実験 4
日光と葉の関係
・葉のはたらき
・日向と日陰ではちがうか
問 2
新しいイモにもでんぷんがあるか調べてみよう
結果　①新しいイモにはでんぷんがある
問 3
新しいイモのでんぷんはどこからきたのか
予想 1
根
・根の中を調べよう
予想 2
土の中
・畑の土の中を調べよう
・黒土や肥料も調べたい
予想 3
たねイモ
・たねイモがなくてもできるのかな
予想 4
葉
予想 5
その他
実験 1　ヨウ素液で調べよう
実験 2　さし芽をして試そう
実験 3　アルコール脱色法等で調べよう
結果①根にでんぷんはない
②土や肥料の中にはでんぷんがない
③たねイモをとった茎でも新しいイモができる
④葉にはでんぷんがある

⑤でんぷんは葉からくるようだ

問 4　葉でのでんぷんのでき方について調べよう

予想
①他の植物の葉にもでんぷんができるのか
②葉をとった茎で新しいイモができるのか
③日光とでんぷんのでき方は関係あるのか
④その他

実験 1　→　結果　①できる

実験 2　→　②新しいイモはできない

実験 3
・日向と日陰
・昼と夜
→　③日光が当たるとでんぷんができる

④葉に日光があたるとでんぷんをつくる。ジャガイモのでんぷんは葉からくる

問 5　葉でできたでんぷんはどのように移動するのか調べよう

予想
①茎にはでんぷんの通り道があるのか？
②茎にはでんぷんがあるのかな？
③その他

結果　①小さな管がある

②でんぷんは茎を通っていないようだ

問 6　糖試験紙を使って調べてみよう

結論　新しいイモは葉でできたでんぷんが糖に変わって茎を通り，また，でんぷんとしてたまったものである

める。その後、子どもたちは、結果・新たな疑問や問題・予想・自らの観察・実験方法・結果・言えることという一連の過程をオープンエンド式な方法で学習を展開していく。

このように、子どもたちの考えや方法に沿った複線型の問題解決学習の方法をとることにより、なかには、自分の予想どおりの結果が出る子どもや、まったくちがった結果になる子どもも出てくる。今までの教育（学習）は、どちらかといえばちがった結果の子どもたちは失敗という形で扱われることが多かった。このことにより切り捨てられたり、間違ってはいけないことという意識のもと学習意欲をなくしたりすることも見られた。なぜ予想どおりの結果にならなかったのか、どこか考えちがいをしていたのではないか、実験方法などに誤りはなかったのかなど、もう一度考え直す時間を与え、じっくりこだわりをもち取り組むことを保障した学習活動計画案である。また、観察・実験の途中経過や結果を発表する場を設け、友だちがどのような方法で取り組み、どんな様子や結果を得ているのか情報交換をする。このことが気づきや停滞している子どもたちへのアドバイスと励みになる。

以上、子どもたち一人ひとりが持ち合わせている「素朴概念」を観察・実験の対象として取り組ませることにより、子ども本来がもっている知的好奇心を刺激し、「学び」が主体的になり、子どもが「学び」を実感することにつながる。その結果、子どもは学びの対象に対する見方や考え方を広げたり深めたりすることができ、子どもたちは植物のはたらき及び光合成に関する「素朴概念」を「科学的な概念」へと転換するものと考える。

5　学習活動計画A案（統制群）と学習活動計画B案（実験群）による学習前後の認識調査の結果とその比較および考察

調査目的・調査対象等

前項で述べたように、教科書の指導書に沿った単線型の問題解決学習で進めた場合と、さし芽を活動計画に位置づけ複線型の問題解決学習で進めた子どもたちとでは、植物のはたらき及び光合成に関する概念形成に差が見られるかを認識調査し、χ^2（カイ二乗）検定[11]にて分析し、その考察を行なった。

・教科書（東京書籍と大日本図書）の指導書に沿って進めた学校　学習活動計画A案（統制群）東京都の公立小学校三校　調査児童数六年一二四名

・さし芽を学習活動に入れ進めた学校　学習活動計画B案（実験群）東京都の公立小学校三校　調査児童数六年一一七名

・調査時期は、統制群・実験群ともに平成一二年五月から七月

・調査方法は、質問紙法を用いての選択肢式問題及び一部記述式による三問（以下に記載）。

・χ^2乗検定による分析

調査内容と結果

イ．葉のはたらき

第1問　ジャガイモの葉に日光があたると、葉の中には何ができますか。一番多くできるものを一つえらんで○で囲んでください。その他をえらんだ時には、その名前を書いてください。

①ビタミン　②たんぱく質　③しぼう　④でんぷん　⑤その他

結　果

学習前の葉のはたらきについては、表4に示すように統制群と実験群の間には、認識の差がないことが明らかになった。正答の選択肢④「でんぷん」を選んだ子どもは、約四七％であった。しかし、誤答の選択肢②「たんぱく

表 4　学習前の「葉のはたらき」についての認識調査集計表

調査人数　統制群 124 名　実験群 117 名　（ ）は%

	ビタミン	たんぱく質	しぼう	でんぷん	その他
統制群	18(14.8)	44(35.0)	3(2.4)	58(47.0)	1(0.8)
実験群	19(16.3)	41(35.0)	1(0.85)	55(47.0)	1(0.85)

表 5　学習後の「葉のはたらき」についての認識調査集計表

調査人数　統制群 124 名　実験群 117 名　（ ）は%

	ビタミン	たんぱく質	しぼう	でんぷん	その他
統制群	5(4.0)	5(4.0)	2(1.6)	111(89.6)	1(0.8)
実験群	1(0.8)	1(0.8)	1(0.8)	113(96.8)	1(0.8)

$\chi^2(4)=5.48$, ns

Phi＝.1508

「カイ二乗検定の結果」

（上段実測値，下段期待値）

5	5	2	111	1
3.087	3.087	1.543	115.253	1.029
1	1	1	113	1
2.912	2.912	1.456	108.746	.9 709

質」は約三五%と高率である。また、誤答の選択肢①「ビタミン」も約一五%前後いた。学習前であることを考えれば、この数値は妥当であると考える。

つぎに、表5に示す学習後の調査人数に対してχ^2検定を行なった。その結果、統制群と実験群とでは、有意差が見られないことが明らかになった。

ロ．新しいジャガイモの成分

第2問　新しくできたジャガイモには、何が多くたくわえられていますか。一つえらんで○で囲んでください。その他をえらんだ時には、その名前を書いてください。

①ビタミン　②たんぱく質　③しぼう　④でんぷん　⑤その他

調査結果（表6・7参照）

結　果

学習前の「ジャガイモの成分」についての認識については、表6に示すように、統制群及び実験群の間には、認識の差がないことが明らかになった。正答の選択肢④「でんぷん」を選んだ子どもは約五〇%いた。しかし、誤答の選択肢②「たんぱく質」は約二六%から約三〇%と高率である。また、誤答の選択肢①「ビタミン」も約一五%から約一七%いた。学習前であることを考えれば、この数値は妥当であると考える。

表6　学習前の「新しいジャガイモの成分」についての認識調査集計表

調査人数　統制群124名　実験群117名　（ ）は%

	ビタミン	たんぱく質	しぼう	でんぷん	その他
統制群	21(16.9)	32(25.9)	7(5.6)	63(50.8)	1(0.8)
実験群	18(15.4)	35(29.9)	3(2.6)	60(51.3)	1(0.8)

表7　学習後の「新しいジャガイモの成分」についての認識調査集計表

調査人数　統制群124名　実験群117名　（ ）は%

	ビタミン	たんぱく質	しぼう	でんぷん	その他
統制群	7(5.7)	29(23.4)	1(0.8)	86(69.3)	1(0.8)
実験群	3(2.6)	5(4.2)	1(0.8)	107(91.6)	1(0.8)

「実測値と残差分析の結果」

7	29▲	1	86▽	1
3	5▽	1	107▲	1

（▲有意に多い，▽有意に少ない，$p<.05$）

つぎに、表7に示す学習後の調査人数に対してχ^2検定を行なった。その結果、有意差（$\chi^2(4)=20.64, p<.01$）の認められる変化は、誤答の選択肢②「たんぱく質」と正答の選択肢④「でんぷん」である。残差分析によれば、学習後で正答の選択肢④「でんぷん」は▲有意に多く、したがって実験群での学習により、偶然に生じたわけではないことが認められた。誤答の選択肢②「たんぱく質」は、▽有意に少なく、したがって実験群での学習により偶然に生じたわけではないということが認められた。

ハ．でんぷんの転流

第3問　2の問で答えたものは、どこからきたと思いますか。一つえらんで○で囲んでください。その他をえらんだ時には、その名前を書いてください。

①たねいも　②くき　③葉　④土　⑤根　⑥その他

調査結果（表8・9参照）

結果

学習前の「でんぷんの転流」についての認識については、表8に示すように、統制群及び実験群の間には、認識の差がないことが明らかになった。正答の選択肢③「葉」を選んだ子どもは、約二二%であった。しかし、誤答の選択肢①「たねいも」は約四一%と高率である。また、誤答の選択肢⑤「根」は約三四%いた。先で明らかにしたように六年生の既習後の予備調査で約五六%の子どもが誤答を選んでいる実態と比較してみても、学習前に八割近い子どもが誤答を選んでいる実態は、妥当な数値であると考える。ちなみに問2が誤答で問3が正答の場合は誤答とする。

つぎに、表9に示す学習後の調査人数に対してχ^2検定を行なった。その結果、正答の選択肢⑥「葉」を選んだ子どもに有意差が（$\chi^2(5)=67.38, p<.01$）が認められた。また、誤答の選択肢①「たねいも」と選択肢⑤の根に、有意差（$\chi^2(5)=67.38, p<.01$）が認められた。さらに、誤答の選択肢②「くき」④「土」⑥「その他」においても、有意差（$\chi^2(5)=67.38, p<.01$）が認められた。残差分析によれば、学習後で正答の選択肢③「葉」は▲有意に多く、したがって実験群での学習により偶然に生じたわけではないことが認められた。また、誤答の選択肢①「たねいも」②「くき」④「土」⑤「根」⑥「その他」は、▽有意に少なく、実験群での学習により偶然に生じたわけではないことが認められた。

表 8　学習前の「でんぷんの転流」についての認識調査集計表

調査人数 統制群 124 名　実験群 117 名　　（ ）は%

	たねいも	くき	葉	土	根	その他
統制群	52(42.0)	1(0.8)	27(21.7)	1(0.8)	42(33.9)	1(0.8)
実験群	48(41.2)	1(0.8)	26(22.2)	1(0.8)	40(34.2)	1(0.8)

表 9　学習後の「でんぷんの転流」についての認識調査集計表

調査人数 統制群 124 名　実験群 117 名　　（ ）は%

	たねいも	くき	葉	土	根	その他
統制群	27(21.6)	14(11.2)	49(39.5)	9(7.6)	18(14.5)	7(5.6)
実験群	3 (2.7)	5(4.4)	105(89.6)	1(0.8)	2(1.7)	1(0.8)

「実測値と残差分析の結果」

27▲	14▲	49▽	9▲	18▲	7▲
3▽	5▽	105▲	1▽	2▽	1▽

（▲有意に多い，▽有意に少ない，$p<.05$）

考　察

問1の「葉のはたらき」の学習においては、統制群の一課題・一解決の単線型の問題解決学習と、実験群の自分の疑問点から取り組む複線型の問題解決学習のどちらにおいても光合成を追求する上では差が認められないという結果から、どちらも明確な学習であることを示唆しているものと考える。このことは葉のでんぷんを検出する際に用いた、アルコール脱色法やたたき染め法による観察・実験方法が効果的にはたらき、でんぷんの存在を視覚でとらえ、認識を深めていることを示唆するものと考える。

したがって、「葉のはたらき」における概念形成をめざした指導法は、統制群及び実験群のどちらの指導法においても学習を進めても、有意差が見られないことが明らかになった。

問2の「新しいジャガイモの成分」を検出するための活動として統制群では、教師の問いかけによる一斉指導型学習により進められた。とくに疑問をもつことなくヨウ素液によりでんぷん反応を検出した。一方実験群では、自分の疑問や調べたい事柄から追究する学習活動のため、ジャガイモの成分を検出することに必要性が生まれ、追究活動も高まり、認識が深まったものと考える。また、ヨウ素液によるでんぷん反応を検出する方法は、疑問を明快に解決する手段として機能したものと考える。

したがって、実験群の学習方法は子どもの認識及び科学的な概念の形成を培うのには効果的な手立てであり、その有効性は有意であることを示唆する。

問3の「でんぷんの転流」においては、統制群では葉にでんぷんができることを実験で確認した後、でんぷんが水に溶けるものに変り茎を通って、再びでんぷんとして新しいイモに貯蔵されることを模式図や言葉で伝える。一方実験群では、さし芽による観察・実験を学習活動計画に位置づけ、たねいもや根がない状態からでも新しいイモが形成していることを認識した。そして、茎にある糖の存在やさし芽後に形成された新しいイモにも、でんぷんの存在が確認できた。つまりでんぷんは葉でつくられ糖に変化し、新しいイモとして貯えられたという現象を観察・実験をとおして学習することにより、「でんぷんの転流」を認識し、科学的な概念が培われたものと考える。

おわりに

理科学習では目に見えない自然の事物・現象を扱うことが多い。多少でも見えるようにモデル実験等・学習材に工夫を凝らし、わかりやすく説くことや、子どものもつ素材な疑問を観察・実験の対象として扱い、子ども自身が納得するまで学習活動を保障することと単元構成の工夫により、子どものもつ「素材概念」を「科学的概念」へと転換させることができると考える。

（鈴木　徹）

注

（1）滝沢武久・東洋『教授・学習の行動科学』福村出版　一九九一年、六〇頁。
（2）鈴木宏明他『教科理解の認知心理学』新曜社　一九九八年、二七―四九頁。
（3）堀　哲夫『これからの理科教育』東洋館出版　一九九八年、二〇八頁。
（4）文部省『小学校指導書理科編』一九八九年、三〇―三一、四四―四五頁。
（5）同前、『新しい理科』東京書籍　二〇〇〇年、三〇―三九頁。
（6）同前、『たのしい理科』大日本図書　二〇〇〇年、二〇―三五頁。
（7）同前、『わたしたちの家庭科』開隆堂出版　一九九八年、三〇―三一頁。
（8）大垣晃一『植物組織培養の実験』ニュー・サイエンス社　一九八七年、四七頁。
（9）山田常雄他『生物学辞典』岩波書店　一九九〇年。
（10）神阪盛一郎他『植物の生命科学入門』培風館　一九九一年、四四頁。
（11）田中　敏「χ^2検定と残差分析」『理科の教育』東洋館出版　一九九八年、四八―五八頁。
（14）湯浅　明『植物学ガイダンス』ニュー・サイエンス社　一九八九年、四三頁。

第四節　新しい数学観を創る教材開発
―「平面上のベクトル」を例として―

はじめに

　数学教育における問題解決への関心は、一九八〇年代以降も衰えていない。それと同時に、問題解決の成功や失敗の要因として、数学の学習、問題に臨む姿勢、数学に対する見方・考え方などといった、数学観、あるいは信念（belief）と呼ばれているものが注目されている。(1) たとえば、機械的な手続きをよく習得しているがゆえによい成績を収めていても、実はその領域についてはほとんど何も理解していない場合もあれば、意のままに使える数学的知識がたくさんあり、それらを使えるようにすべきなのに、問題解決になると使わないままであるといった場合もある。これは、知識を忘れてしまったとか、使う時期を逸したといった、数学的知識・方略やメタ認知の問題だけではなく、それらの知識は自分にとって役に立つものであるという認識がなく、その結果として使おうとしなかったとも考えられるのである。(2)

　これはまた、問題解決行動に対して明らかに否定的な影響を及ぼすような、根本的に深い数学嫌いであるような見方をもつに至った原因が、日々の授業実践のなかに潜んでいることも示唆している。たとえば、ことがうまく進んでいるクラスであっても、結果として数学学習の目的や権威が、生徒ではなく教師や学校の側に存在してしまうかもしれないのであろう。(3) それは、発見法の指導ひとつ取ってみても、教師の姿勢や数学観、指導の進め方によっては、発見法が単なるアルゴリズムと化してしまい、生徒にとってはもはや〝発見〟ではなく、既成の事実をただ効率的に〝受け入れる〟だけになってしまうことからも明らかなのである。(4)

それゆえ子どもたちは、数学を学ぶことで、「自分達の周りの世界で起きた新しい問題状況を理解するために、自分自身を、自らが持つ、増えゆく数学的な知識を使うことができる存在であるとみなす」[5]ことができるようになる必要性があり、このためにも、〝数学は物事や世界の仕組みを理解する手助けになる〟という数学観を彼らが実感としてもてるような数学教育が求められている。

現在までのところ、このような方向性をもった実践として、以下の二つが考えられている。ひとつは、数学的モデリングの重視である。すなわち、現実の世界での事象について問題意識をもち、それを理想化したり単純化、近似するなどして条件を整理して現実的なモデルをつくる。そしてこのモデルを数学的概念や表、式、グラフ、記号などを用いて数学的モデルに変換して純粋に数学的に問題を解決し、解を得る。そして、得られた結論が現実の世界における解として妥当か、数学的モデルが適当であったかを検討し、もし適当でなければ各段階を再度振り返り、適当であってもさらによいモデルへと改良を求めて再び各段階を繰り返す、といった一連の過程として数学的モデリングは表される[6]。この過程はまさに数学的問題解決の本質であり、数学的モデリングの過程に数学的な考え方のさまざまな要素が含まれるため、モデリングの過程を通して数学的な考え方の育成を図り、これによって数学的概念を具体的に例示し、操作的技能だけでなく基礎的な理解を深め、さらには現実の事象に触れることで生徒に動機づけを与えようという意図が込められているのである。

もうひとつは、数学を自ら構成していくことで、物事や世界の仕組みをより深く理解していくことをめざしたアプローチが考えられる。それは、数学的な思考について、数学そのものの特質と絡めてとらえることで明らかとなる。たとえば、数学という学問は、ほとんどすべての場合、起源は実用的な問題を解くことから発しているが、一九世紀から二〇世紀初頭にかけて生まれたいわゆる現代数学は、それまでに急速に発達し、非常に複雑かつ膨大で、見通しの悪くなった数学に対して、明解、簡潔で、見通しのよい形を与えようとして考え出されたという歴史があり、間接的には経験的な事実にもとづいているといえても、直接的には経験的事実ではなく、多くの数学の理論にもとづいてつくられたものであるといえる。しかしながら、この、いわば数学のための数学ともいえる現代数学は、間接的には自然科学の基礎学問として科学技術へ応用が大きいのみならず、社会科学や人文科学にも非常に多くの応用をもっている。このことはすなわちつぎのように言い換えることができる。はじめは実用的あるいは初歩的な問題（原問題）を苦心の末に解決するが、それにとどまらず、これらの問題の解決で得たいわば原始的な知識の活用体験を見直し、整理し、統一を与え、体系化する。けれども、この体系化は単に体系化のための体系化ではなく、ここで得られた関係的な知見をさらにその他の原問題にまで応用し、断片的な経験的事実しかもたない場合に比べて大きな応用を見出していく。たとえば、代数学（幾何学）的に定義された定理は、代数学（幾何学）で使われている用語を導入することで、定理を書き換えたり証明することが可能になるだけでなく、そこに新たな代数学（幾何学）的な解釈が生まれもする。

もちろん、授業ではこのような歴史をたどる必要は必ずしもないわけだが、問題のもつある特定の側面を、既知の理論的枠組みのなかに位置づけることで、より見通しのよい体系を得ることは、数学を構成していくときの中心となる考え方や、数学をもとにした考え方を身につけることがねらいとされている高等学校の数学においてよい思考の練習となるはずであり、今後より積極的になされるべきではないだろうか。

教材の開発

1・1　従来の「平面上のベクトル」の教材

小学校や中学校では教え方やその考え方が戦後大きく変わり、一斉授業だけではない、さまざまな学習形態や指導法が実践されてきたが、高等学校では、今も昔も変らず、教師の一方通行的な、講義調の、一斉指導による授業が多いとよくいわれる。これは、小学校や中学校に比べて、内容・指導方法に関する研究があまりなされておらず、いきおい、知識や技能の習熟に重きが偏ることとなった。たとえば、「平面上のベクトル」の単元はこれまで、以下の流れで構成されるのが一般的であった（単元名は「平面ベクトル」などであった）。

①　ベクトル
②　ベクトルの和・差・実数倍
③　ベクトルの成分
④　ベクトルの内積
⑤　位置ベクトル
⑥　ベクトル方程式

ここではたとえば、

①　ベクトルとは何か、具体例に即して理解すること
②　ベクトルの和・差・実数倍を考えることで、ベクトルも和・差・実数倍では、数を表す文字と同じように計算できること
③　xy 座標平面上で x 軸、y 軸の正の向きの単位ベクトルを取れば、ベクトルを成分で表すことができ、ベクトルの大きさが測れること
④　ベクトルの内積を定義することで、二つのベクトルと、それらの間の角度との関係がわかること
⑤　位置ベクトルの考えを用いることで、図形の性質を調べることができること
⑥　直線その他の方程式をベクトルを使って表すことができること

などが、主に数学の知識・技能面から見た内容的な主題である。しかし従来は、ややもするとこれら知識・技能の習得に重きがあり、問題を解決した後に、思考過程を振り返ったり、問題の意味や背景を探ることがなおざりになりがちであった。このため、数を表す文字のように、形式的な演算処理で図形の性質を考察することができるというベクトルのよさが子どもたちになかなか伝わらず、文字通り形式的、機械的な練習が多くなり、結果として、〝何をしているのかわからない〟〝興味や関心が湧かない〟ひいては〝数学は実際の世界とは関係していない〟などといった狭くて否定的な数学観を助長してしまい兼ねなかったのである。

1・2　新しい「平面上のベクトル」の教材

1・2・1　教材開発の考え方

学校数学の図形分野を中学校から順に見渡すと、まずは直接的な方法で図形の性質を調べていく初等幾何が、そのつぎに、座標を用いて、数式の計算処理によって図形の性質を解釈する解析（座標）幾何がある。(7) 一方、高等学校では、図形に代数計算を持ち込んでいくという発想が顕著である。たとえば、三角関数は長さと角度の関係を示し、複素数平面は図形の移動や回転を表すのに強く、ベクトルは線形な図形の処理を得意としている。このことから、既習の図形分野との関連をふまえ、問題解決を通して内容的な系統性を子どもたちが自ら考え、築いていけるような指導を指向することにした。本節ではとくに、ベクトルを利用して図形の性質を書き換え、本質を探ったり、新たな解釈を得るという観点から問題を取り上げる。なぜならば、小学校から中学校、高等学校へと上がるにつれて抽象性が増していく学校数学は、単に記号の羅列や機械的な操作という意味での抽象性ではなく、記号（ベクトル）を導入することで対象（図形）の見通しがよくなる、いわばより一般的な視点を得られるという意味での抽象性を有しているのでこれを活かしたい、ということ、そして、このような学習方法は、物事の構造や本質を見抜いていくという数学の特性とも相入れるものであり、高等学校数学の授業を改善するひとつの有効な手立てとなるだろう、と考えたからである。

1・2・2　教材のねらいと概要

本節で扱う事例では、

・ベクトルを用いて図形の性質を定量的に明らかにし、それを適切に解釈することができる

・より本質的・体系的な見通しを得るために、問題の背景を探り、初等幾何の作図や証明などとの関係も考えながら、ベクトルでの解法を適切に位置づけることができる

・これらを通して、図形の性質を考察するのにベクトルが有用な道具であることを認識できる

ことを主な目標とする。

順序としては、1・1の従来の流れの「⑤位置ベクトル」の導入以後、あるいは単元の終わりに扱う。なお、「④ベクトルの内積」は、ここではとくに履修を前提としない。

《問題A》は、これまでにも扱われていた教材であり、位置ベクトルを用いると比較的容易に結果が求まる。こうした指示の仕方でも、証明方法がわかった後に、証明した結果（式）について幾何学的に考察することで、

問題 A

四角形ＡＢＣＤの辺ＡＢ，ＣＤの中点をそれぞれ M, N とするとき，つぎが成り立つことを証明せよ。

$$\overrightarrow{MN}=\frac{1}{2}(\overrightarrow{AD}+\overrightarrow{BC})$$

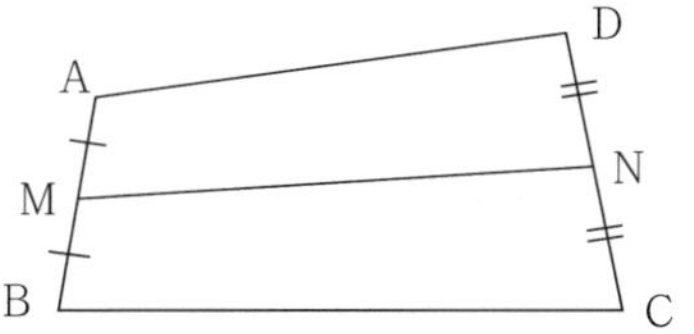

いわば〝ベクトルの平均〟である結果の意味を、図形を通して理解させることは可能である。しかし以下では、《問題A》を《問題A》で証明する性質自体を発見させる問題（《問題B》）へと変更し、この《問題B》を考えていくなかで、《問題A》の背景であり、かつ《問題B》での性質発見の鍵でもある三角形を見つけさせる、という授業展開を記述する。その際、性質を発見することでなく、ベクトルと図形とを結びつけて考え、問題が内包している幾何学的な性質がベクトルによってどのように表されているのか、ということにも常に意識を向けさせたい。

1・2・3　授業の展開

(i)　《問題B》を提示する。

(ii)　求めるべき性質がなかなか見つからない場合、発見に至る道筋を教師が適宜ヒントを与えながら導いていき、子どもたちの発見を促す。早くに結果が求まった場合は、(iii)の解釈へと進み、《問題B》の数字的な背景について考えさせる（その過程で(ii)にも触れる）。

(iii)　性質が求まった後に、この結果についての幾何学的な解釈を試み、これとベクトルを用いた表現との関係を意識させる。

ここでは(i)〜(iii)の順に記述する（〝……〟）は教師の発問、「……」や省略した箇所は子どもたちが導き出すことを期待している内容を表す。したがって、以下の通りに教師が最初から〝天下り式〟に板書していくわけではなく、これは性質

問題B

四角形ＡＢＣＤの辺ＡＢ，ＣＤの中点をそれぞれＭ，Ｎとする。このとき，辺の間に成り立つ性質は何か，見つけてみよう。

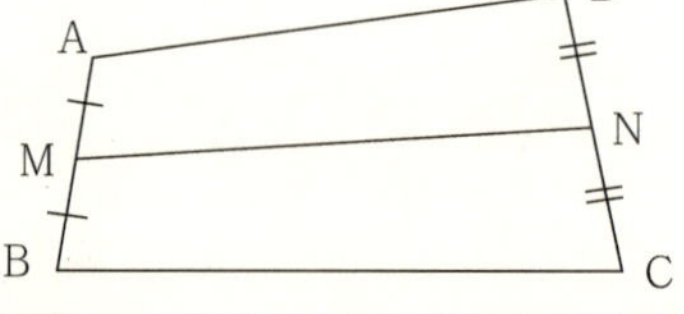

発見へ至るひとつの大まかなプロセスを示しているにすぎない。

(i)《問題B》の提示

〝これを考えてみよう（《問題B》を提示する）〟

〝どのようなことが言えそうか？〟

〝辺の長さを変えてもそれは成り立つか？〟

〝前に似た問題をやったことがあるか？　それは使えそうか？〟

(ii) 問題の解決（性質の発見）

いま、MとNはそれぞれ辺AB, CDの中点であることがわかっているから、これをベクトルを使って表すと、

$$\overrightarrow{AM}=-\overrightarrow{AB},\ \overrightarrow{DN}=\frac{1}{2}\overrightarrow{DC}$$

同様に、他の辺もベクトルを使って表してみよう。すると、

$\overrightarrow{AD}$はそのまま$\overrightarrow{AD}$

$\overrightarrow{MN}=$……（略）

$\overrightarrow{BC}=$……（略）

ここで、

$$\overrightarrow{AD}-\overrightarrow{AD}=\vec{0}$$

$$\begin{aligned}\overrightarrow{MN}-\overrightarrow{AD}&=\overrightarrow{AD}+\frac{1}{2}(\overrightarrow{DC}-\overrightarrow{AB})-\overrightarrow{AD}\\&=\frac{1}{2}(\overrightarrow{DC}-\overrightarrow{AB})\end{aligned}$$

$$\begin{aligned}\overrightarrow{BC}-\overrightarrow{AD}&=\overrightarrow{AD}+\overrightarrow{DC}-\overrightarrow{AB}-\overrightarrow{AD}\\&=\overrightarrow{DC}-\overrightarrow{AB}\end{aligned}$$

①

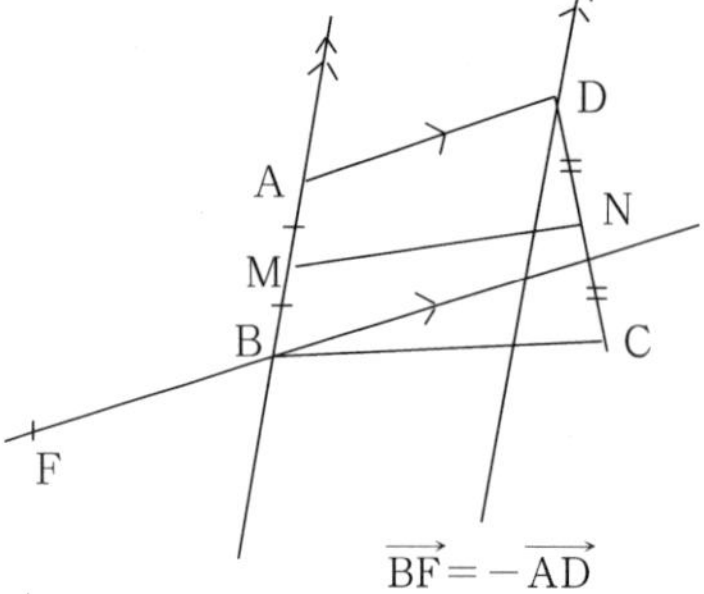

$\overrightarrow{BF}=-\overrightarrow{AD}$

②

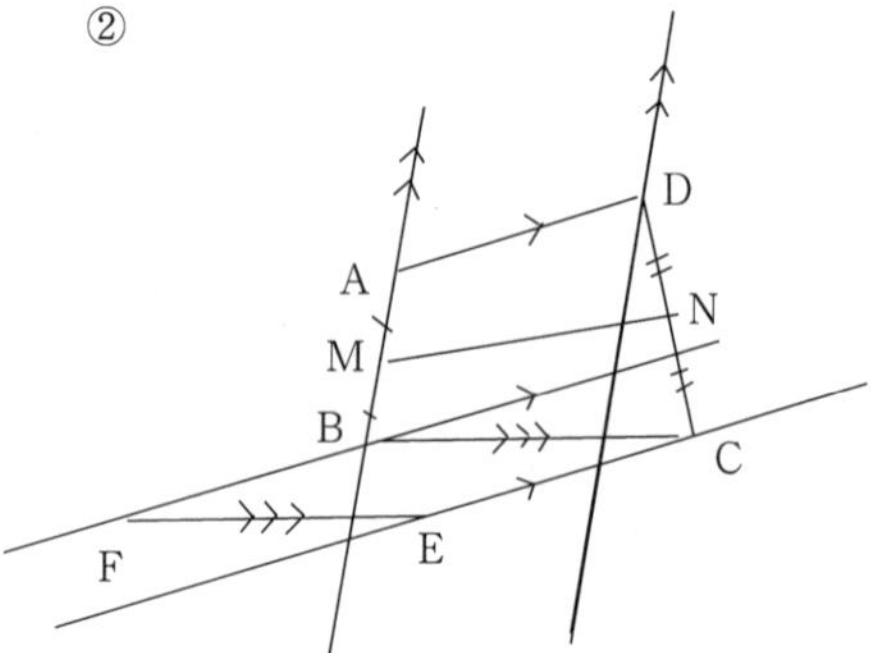

$\overrightarrow{BF}=\overrightarrow{CE}$, $\overrightarrow{BC}=\overrightarrow{FE}$

③

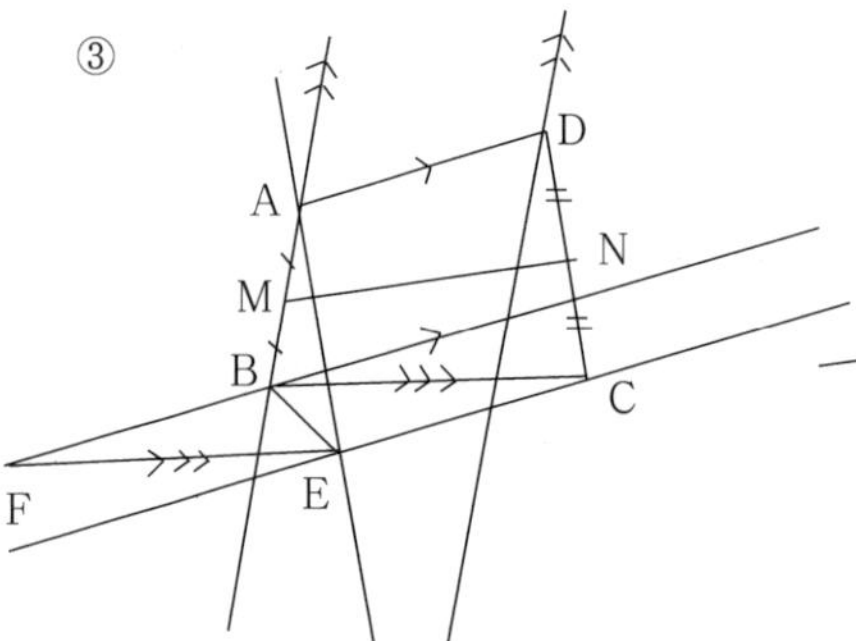

BとE, AとEを結ぶ

このとき$\overrightarrow{BE}=\overrightarrow{BC}-\overrightarrow{AD}$

④

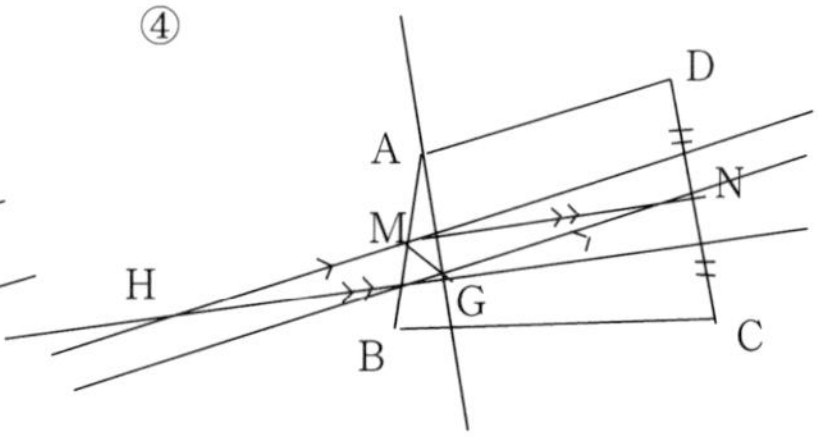

$\overrightarrow{MH}=-\overrightarrow{AD}$

$\overrightarrow{MH}=\overrightarrow{NG}$

$\overrightarrow{MN}=\overrightarrow{HG}$

MとG, AとGを結ぶ

このとき $\overrightarrow{MG}=\overrightarrow{MN}-\overrightarrow{AD}$

⑤

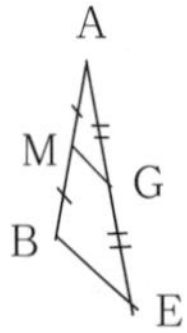

$\Delta AMG \backsim \Delta ABE$

これは何を言っているのか、実際にこれを図に描いて考えてみよう。

たとえば $\overrightarrow{BC}-\overrightarrow{AD}$ は、

――①$|\overrightarrow{AD}|=|\overrightarrow{BF}|$ となる点Fを、点Bを通る直線上かつ四角形ABCDの外部に求める（図①）
②$\overrightarrow{BF}=\overrightarrow{CE}$（$\overrightarrow{BC}=\overrightarrow{FE}$）となる点Eを求める（平行四辺形BCEFをつくる）（図②）
③BとEを結ぶ（図③）
④$\overrightarrow{MN}-\overrightarrow{AD}$ も同様にして求められる（平行四辺形MNGHをつくる）（図④）
最後にAとEを結ぶ
このとき、
――〝何か気がつくことはないか？〟
〝点GはAE上のどこにあるか？　それはなぜか？〟
ここで、三角形ABEに着目してみよう（図⑤）。
すると、

$$MG=\frac{1}{2}BE$$
$$=\frac{1}{2}(AA+BE)\quad（ただし AA=0）$$

つまり、

「MGはAAとBEの平均である」

では《問題B》の場合はどうか。**図⑤**において、3点A、B、Eを定め、BEに対してAと同じ側にDをとれば、

《問題B》の状況になる。

——〝これから、どのようなことが言えそうか？〟

これより、

「MN は AD と BC の平均である」

ことが考えられるかもしれない。

——〝なぜだろうか？〟

ではこれを、位置ベクトルによって証明してみよう。

……(証明略)

よって、

$$\overrightarrow{MN}=\frac{1}{2}(\overrightarrow{AD}+\overrightarrow{BC})$$

ⅲ 問題（性質）の解釈

この結果は、いわば〝ベクトルの平均〟ともいえる。これを、図形的に考えてみよう。ここでは、AD＋BC を作り出してみる（手順は前と同様なので、図は省略）。

——①平行四辺形 ABF′D′をつくる（F′は四角形 ABCD の内部）

②平行四辺形 BCE′F′をつくる（BC//F′E′かつ BC＝F′E′）

③B と E′、A と E′を結ぶ（三角形 ABE′をつくる）

このとき、$\overrightarrow{BE'}$ は $\overrightarrow{AD}$ と $\overrightarrow{BC}$ の和となり、三角形 ABE′において

$AM=BM,\ AN=E'N$ より

$\overrightarrow{MN}=\frac{1}{2}\overrightarrow{BE'}$

$=\frac{1}{2}(\overrightarrow{AD}+\overrightarrow{BC})$ である。

結び

本節では「平面上のベクトル」を例として、〝数学の内容間の関連を見ていくことで物事の見通しをよくする〟、言い換えれば、〝いま学んでいることがこれまで学んできたことと結びつきながら展開し、その結果、より一般的・普遍的で、整理・洗練された世界観を得る〟ことで、〝数学は物事や世界の仕組みを理解する手助けになる〟という数学観を子どもたちが実感としてもてることをめざした事例を考えてきた。

しかし、残された課題も多い。本節であげた事例以外にも、同様のさまざまな問題を領域を問わずに考え出すことが可能である。またその際、授業方法や評価についても検討しなければならないであろう。たとえば本節では、定義を導入してからその応用を考えることにしているが、応用の問題を考える際に、定義をいわば〝現地調達〟的に紹介する展開もありうるなど、より弾力的な順序で指導することも考えられる。今後は、これらの事例を実際の授業で扱うなどしてその有効性を試し、さらに調査・研究を進め、より実用的なものにしていきたい。

（五島譲司）

注

（1） たとえばショーンフェルド（Schoenfeld）は、学生たちの多くが数学に対して重大な誤解、考え違いをしており、それが問題解決行動において明らかに否定的な影響を及ぼしていることを言及した。このような、子どもたちが数学の性質についてもっている典型的な信念について、彼は以下のようにまとめている。

- 数学の問題には正解がたったひとつしかない。
- どの数学の問題にも正しい解き方がひとつだけあり、それはたいてい、先生が授業ですぐ前に説明したルールである。
- 普通の生徒たちは、数学を理解することを期待できない。つまり、彼らは単に数学を暗記し、理解をともなわずにただ機械的に憶えたことを適用しようとするだけである。
- 数学は各人が個々に孤立して行なう、孤独な活動である。
- 前に勉強したことを理解していれば、どんな割り当てられた問題も五分かそれ以下で解くことができるだろう。
- 学校で習う数学は、実際の世界とはほとんど、あるいはまったく関係していない。
- 形式的な証明は、発見や発明のプロセスと無関係だ。

Schoenfeld, A, H.: Learning to Think Mathematically: Problem Solving. Metacognition, and Sense-Making in Mathematics. In D. A. Grouws (Ed.), *Handbook of Research on Mathematics Teaching and Learning.*, Macmillan Publishing Company. A Project of the NCTM. 1992. p.359.

なお、このような信念は、学校段階や国の内外を問わず報告されている。

国立教育研究所『国際数学教育調査ＩＥＡ日本国内委員会報告書』一九六七年。

同前『数学教育の国際比較—第２回国際数学教育調査最終報告—』第一法規　一九九一年。

Lestor, F. K., & Garofalo ,J.: *Metacognitive Aspects of Elementary School Students' Performance on Arithmetic Tasks.* Paper presented at the Annual Meeting of the American Educational Research Association, New York. 1982.

Frank, M. L.: Problem Solving and Mathematical Beliefs. *Arithmetic Teacher.* Vol. 35, 1988. pp. 32-34.

Garofalo, J.: Beliefs, Responces, and Mathematics Education: Observations From the Back of the Classroom. *School Science and Mathematics.* Vol. 89. 1989. p. 453.

Garofalo, J.: Beliefs and Their Influence on Mathematical Performance. *Mathematics Teacher.* Vol. 82, 1989. pp. 502-505.

Schoenfeld, A. H.: Beyond the Purely Cognitive: Belief Systems, Social Cognitions, and Metacognitions As Driving Forces in Intellectual Performance. *COGNITIVE SCIENCE* 7, 1983. pp. 329-363.

（2） Schoenfeld, A. H.: *Mathematical Problem Solving.* Academic Press. 1985.

（3）Schoenfeld, A. H.: When Good Teaching Leads to Bad Results: The Disasters of "well taught" Mathematics Classes, *Educational Psychologist,* Vol. 23. 1988, pp. 145-166.

（4）Schoenfeld, A. H. *op. cit.* (1). 1992. pp. 352-353.

（5）National Council of Teachers of Mathematics : *An Agenda for Action Recommendation for School Mathematics of the 1980' s.* 1980.

National Council of Teachers of Mathematics : *Curriculum and Evaluation Standards for School Mathematics.* 1989.

（6）Henry, O. Pollak：数学と他の学科との相互作用　数学教育国際委員会（ＩＣＭＩ）編／数学教育新動向研究会訳『世界の数学教育―その新しい動向』共立出版　一九八〇年、二九九−三二〇頁。

岩合一男編『算数・数学教育学　教職科学講座第20巻』福村出版　一九九〇年、二〇二−二一六頁。

三輪辰郎「数学教育におけるモデル化についての一考察」『筑波数学教育研究』第2号　一九八三年、一一七−一二五頁。

（7）これは現在では「数学Ⅱ」で扱われており、ベクトルを学ぶ前に履修していない場合も考えられる。その際は、ベクトルを成分で表示したり、図形の性質をベクトルで表したりするときに、一定の配慮が求められよう。

第五節　「いのち」を考える授業実践
―子どもの学びのための教材開発―

1　「いのち」に出会う子ども

一年生を担任したときのことである。ひとりひとりを深く知るために日記を始めた。子どもたちは出来事を綴り、毎日のようにもってくる。それをもとに子どもと会話したり家庭訪問を続けた。子どもの生活を知り、その願いに応えたいと考えたからである。一方、クラスでの様子を伝えるために、日刊の学級通信を始めた。

子どもたちと生活するなかで出会うことのひとつに「いのち」がある。ある場面では「死」であったり、ある場面では「誕生」であったりする。また、あるときには「生きる」ということであったりする。子どもたちが「いのち」とどのように出会い向き合ったのか学級通信『ぽけっと』から拾ってみることにする。

「マリアンナでうまれたよ」

担任をしている子どもが自宅近くで交通事故にあった。幸い生命に別状はなかったが左足を骨折してしまった。子どもたちにとって衝撃は大きくクラスは事故の話でもちきりだった。そんなとき、なおちゃんはお母さんから自分が誕生したときの話を聞いた。そして日記に書いた。

――せんせいあのね。

きょう、わたしがたんじょうしたときのことをおかあさんがはなしてくれたよ。
わたしはマリアンナでうまれたんだって。
わたしがうまれるときおかあさんは、はすいしたんだって。もうよていびをすぎてはやくあかちゃんをださなくちゃあぶなかったので、じんつうゆうはつざいをてんてきしたんだって。そのときおかあさんはねつもあって、あかちゃんがきけんだって、おなかをきらなくちゃいけないかもしれなかったけど、わたしはふつうにうまれたんだって。
おかあさんはすごくくるしかったっていってていたよ。
うまれたときはうれしくてなみだがでたんだって。
わたしはかしでうまれておとうさんもおじいちゃんもおばあちゃんもみんなしんぱいしてくれたんだって。

（一二月三日　二二八号）

「でぶりん」

子どもたちはさまざまな生き物をペットとして飼っている。子どもたちに聞くと小鳥、金魚、鈴虫、カブトムシ、ハムスター、カメ、ネコ、犬など多くの生き物の名前があがってくる。子どもたちはペットに名前を付けてかわいがっている。

ひできくんはハムスターを飼っていた。名前は「でぶりん」。九月にこんな日記を書いてきた。

――ぼくんちのでぶりん
せんせいあのね。
ぼくのでぶりんはちょうでぶだよ。おとうさんににているよ。でも、ちょうかわいいよ。

でぶりんてハムスターのことだよ。

でぶりんはぼくたちがたべているビスケットをほしがるんだよ。

あげるとでぶりんがてにもってくちのなかにいっぱいいれるんだよ。

ぼくのくちよりでっかいよ。（九月一〇日　一四四号）

大切に育てていた「でぶりん」。ひできくんはよく「でぶりん」のことを話してくれた。そんなとき大切に育てていた「でぶりん」との別れが日記に綴られていた。この短い文章にひできくんの思いが伝わってくる。


——ぼくのかわいいでぶりんがしんじゃった
せんせいあのね。

かわいいでぶりんがしんじゃった。

きのうまであんなにげんきだったのに。

あんなにかわいがっていたのに。

どうしてしんじゃったの。

でぶりんのからだがくのじになってちいちゃくなっていたよ。キッチョムのとなりにおはかをつくってあげたよ。

「でぶりん」「でぶりん」さようなら。

てんごくにいったら早くちょうでぶとキッチョムにあってね。（二月二四日　三〇四号）

「赤ちゃんのたまご」

ゆいちゃんは髪の長い子である。いつもお母さんの手作りの洋服を着ている。毎日、私のところにやってきて家でのできごとを楽しそうに話す。お母さんや弟のことをたくさん話す。ゆいちゃんはお母さんとこんな話をしている。

——きょう、おかあさんがおなかがいたいってゆってたよ。

どうしてかとゆうと「ち」がいっぱいでて、いたかったんだよ。

それで赤ちゃんがどうしたらできるかはなしたよ。

女の人のらんしというたまごと、おとこの人のせいしってゆうたねがいっしょになって、赤ちゃんができるんだって。もし、わたしが大きくなって、ちがでてもびっくりしないでおかあさんにちゃんといってねって、おかあさんがゆってたよ。

わたしも大きくなったら赤ちゃんうみたいなっておもったよ。（二月二四日　三〇五号）

ゆいちゃんと向き合う矢野さんの姿が目に浮かぶ。自分の性を語っていくお母さん。そしてそれを受け止めるゆいちゃん。最後の「わたしも大きくなったら赤ちゃんをうみたいなっておもったよ」の言葉は考えさせられる。

2　「いのち」と向き合う保護者

一年間を家庭から見つめていた保護者に『ぽけっと』に掲載する手紙をお願いした。保護者が自分自身のことや、思いをクラスの親や子どもたちに向けて、綴ってほしいと考えたからである。お願いをしたつぎの日から、手紙が届いた。たくさん届いた。

川崎病と向き合う

れいちゃんは夏休みに入って高熱で入院。川崎病と診断される。高熱のなかで先生に会いたいと連絡があり励ましの手紙を届けた。高熱のなかでもれいちゃんは日記を書いていた。

――せんせいあのね

きょう、あさ八じ三〇ぷんに、いしはらせんせいがみぎのてのうでにちゅうしゃをしてちをとりました。おひるをたべるまえにれんとげんをとりました。ひるま、たいじゅうをはかりました。一九・七キロでした。またやせました。

八月下旬、退院。二学期から登校しいつものような学校生活が始まる。体育など運動は医師から禁止。子どもたちから「どうして、れいちゃんは体育をしないの」と聞かれる。

子どもたちには「夏休みに、熱が続いて下がらなかったので入院をしていた」と話した。

山内さんは川崎病であることを子どもたちに知らせ、協力してもらうかどうかまよった。それは川崎病に対する偏見があったからである。気持ちは痛いほどわかった。山内さんがクラスを信頼できるようになったら話してほしいと伝えた。

山内さんからの手紙が届いた。

――「辛いこともあったけど」

明日から夏休みという日に高熱・首の痛みを訴えました。それが川崎病の始まりでした。

入院しても薬の効果が出ず苦しい息の日が続き

「いつ直るの」

という問いにもただ

「がんばってね」

としか答えられませんでした。

点滴注射が漏れて手がグローブのように腫れたり、水がほしくて水枕を破いたり、お腹がすいても食事を食べさせてもらえなかったり、と辛い日を二週間ほどしてサーと熱が引くと嘘のように回復し、三週間後の八月三〇日退院することができました。

その間、安達先生からは励ましの手紙を毎日のようにいただきました。

ありがとうございました。

クラスの皆に協力していただき、毎日学校に行くことができました。

ありがとうございました。

病気は大変だったけど、れいが気丈にもがんばったことは大きな宝物。

気長に病気と仲良くしていきたいと思います。（三月一一日　三一六号）

手紙にはれいちゃんの病名が書かれていた。それも自然に「……それが川崎病の始まりでした」と。いのちの危険が迫っていたれいちゃん。れいちゃんを励まし、見続けていた母親。そんな内容が淡々と綴られていた。そして「気長に気楽に病気と仲良くしていきたい」と結ばれていた。これまで避けていた川崎病という言葉と仲良くしていきたいという母親の強さと心の豊かさを感じた。

生命と向き合う

矢野さんは若くして母親になった。周りからの声に不安になることもあったそうだ。でも、三人の子どもの母親としてがんばっていると家庭訪問のときに語ってくれた。

矢野さんの手紙は「赤ちゃんのたまご」を書いたゆいちゃんへのメッセージになっている。

――八年間を振り返って

八年前の今頃、ゆいがお腹にいてつわりで苦しい思いをしていました。まだ高校生だったけれども、ものすごくうれしくて何の躊躇もなく、産もうと思いました。もちろん親の反対やしがらみはたくさんあったけれど、それでもいろんな人の協力があったからこそ、こうしていられるのだと思います。

ゆいが生まれてからは、本当にかわいくておむつをパンパンとほしながら、一緒懸命がんばっていこうと思いました

と綴り、最後にゆいちゃんへの手紙になっている。

――ゆいちゃん

いつもお母さんのお手伝いをしてくれてほんとにどうもありがとう。おとうとたちもゆいのこと、とてもやさしいおねえちゃんでうれしいと思っているヨ　おかあさんも、ときどきゆいのことおこっちゃうけど、わるいところがあったらちゃんとなおすから、いつでも言ってネ。

これからもなかよくしようネ

若くして妊娠したときの気持ち、子育ての難しさ、喜び、悩みなどがありのままに綴られている。矢野さんの生きる姿が伝わってくる。

親も「いのち」に向き合っているのである。そのことは親の手紙を見ても明らかである。そこには生きていこうとする姿が感じられ、学ぶことが多い。

3 「いのち」の教育の必要性

いのちにかかわる痛ましい出来事が記憶から消えないうちにつぎつぎと起こり続けている。子どもたちがかかわる事件はいじめ、暴力、殺人とエスカレートする一方で生きることに絶望して自らの生命を絶つという事実も伝えられる。

学校でもいのちの大切さについては何度も話す。またいのちにかかわる事件が起きればすぐに子どもたちに話をして「いのち」の大切さを説く。しかし話は形式的、説教的になり現実から遠くなっていくことが多かった。そこには「いのち」の危機が叫ばれているにもかかわらず、「いのち」の教育が不在であった。「いのち」に向き合い、生きる喜びに結びつく教材がないという現実が横たわっていた。子どもに「いのち」の大切さを頭ごなしに、あるいは説教的に伝えるのではなく、共に考え、共感ができる教材を開発をする必要性が迫っていたのである。

4 教材開発の視点

今野は「いのち」の教材開発について『『いのち』とは何かということは『人間』とは何かを問うことに等しく、永遠の謎解きに挑戦することなのではないか」ととまどいながらも「生命と『いのち』の異同」「いのち」の有限性と永遠性、「いのち」と〝つながり〟、「いのち」と〝共生〟、「いのち」の社会性の視点で課題を明らかにし教材開発の意義を唱えた。また学習者である子どもたちには「子どもたちよ、生き続けよ。個性的に輝いて」とメッセ

ージを発し、

――子どもたちがすべて『いのち』あるものの日常的・現実的な〝いとなみ〟としっかり向き合い、その出会いに感動したり、あるいは『いのち』との別れに悲しんだりするなど、生命現象の一瞬一瞬と直接的に交渉することによって、豊かで、生き生きとした感受性を身につけてほしいと願っています。何であれ、現実（ナマ）と切り離されてある〝心性〟ほど冷たいものはないことを心して子どもたちの〝学び〟に向き合いたいものです。そこでわたしたちは、子どもたちが『いのち』について〝学ぶ楽しさ〟と、〝限りある〟生命を〝限りなく〟輝かせて、他者と共生しつつ〝生きる喜び〟を感得してほしい、と願います（今野喜清・安達昇編著『「いのち」を考える授業プラン48』小学館）

と思いをこめている。

教材開発を始めた。教材開発では共感・共学・共生をおさえつつ

・「いのち」を学ぶことが生きる喜びにつながる教材
・「いのち」を大切にしたいと考えることのできる教材
・「いのち」を豊かに耕すことのできる教材
・学習の場面としては「道徳」の時間、学級活動、教科、「総合的な学習の時間」などで活用できる教材
・学生から大学生、大人まで使える質の高い教材

等を考えた。そして授業では子どもたちの生きる喜びと、学ぶ楽しさを追求した。

また教材の内容を「いのち」に対する「出会い」「つながり」「かがやき」「ゆらぎ」「別れ」で構成した。学習方法も参加・体験的な手法と話し合い（討論）を基本とし、学習の終わりには振り返りをするようにした。

5 学習のすすめ方

学習をすすめていくときに大切にしたことがある。それはつぎの三点である。

——多様性を知る……ひとつの事象・状況に対して、ひとりひとりの受け取り方や考え方が異なっていることを理解する

——他者を受容する（他者の視点から考えることができる）……自分と異なる人の考えや意見を知り、受け入れることができる。そしてその視点に立って考えることにより、その人の行為や態度の意味をつかみ、他者の存在を認め、大切にする気持ちを育てる。その場合、話を聞くという活動を重視する

——自分を表現する……他者との相互理解、意思疎通をはかるために、さまざまな人に対していろいろな形で自分を表現するスキル（技能）を養う

では、具体的にどのように学習をすすめていくか述べることにする。

まず、「いのち」の教材と、どのように出会い、向き合うかということである。そこで、子どもたちが主体的に学習に参加するために教材をワークシートで提示する方法をとることにした。ワークシートを子どもたちが「いのち」の学習課題に出会う場とおさえた。この場合、学習をすすめていく上でのポイントは

・ワークシートの活用場面と時期をはっきりしておく
・子どもが主体的に学習に取り組めるように、書き留める時間を保証する
・子どもが書き留めたことをもとに、話し合いや確かめ合いに参加できるようにする

つぎに、学習の展開として参加・体験的な手法を活用することにした。学習のなかで、ロールプレイ（役割演技）、

ブレーンストーミング（思いついたことを書き留め表現する）、シミュレーション（現実の一部分を予想して話し合う）、ランキング（優先順位によって並べ換え話し合う）などの手法を用いて考え、問題解決に向けて取り組んでいく。これらの手法を使った活動はお互いを認めながら、新しいものを創り出すことに有効である。また話し合いの場面を多く取り入れ、ひとりひとりが考えたことを、グループで出し合い、認め、深めていくことができるようにした。

学習の基本的な流れはつぎの通りである。

・ワークシートを配り、学習課題の提示をする
・個人で学習課題に向き合い参加・体験的な手法を使って問題解決を図る
・多様な参加・体験型の手法を使って、学習課題の解決を考える
・グループに分かれて、学習課題の解決をめざして話し合う
・学級全体にグループで話し合ったことを発表し理解を深める
・学習の振り返りをする

6　授業実践

開発した教材をもとに授業をした。授業では子どもの考えを大切にしながら、話し合いを基本に「いのち」と向き合うことにした。具体的な授業での取り組みを紹介する。

教材名　『いのち』の色」（六年生）一時間

「いのち」をいろいろな角度から見つめていく教材として「色」に着目して考えることにした。教材の目標は人間が生きているときの有様を色で表現することによって「いのち」を考えるとした。自分と向き合い、考え、お互いの話し合いを通して「いのち」のことを深めていけたらと考えた。

学習の流れはつぎの通りである。

・ワークシートの「いのち」に色を表現する
・わけを書き発表する
・いろいろな場面での「いのち」の色を表現する
・グループで発表し、認め合う
・振り返りをする

子どもたちにワークシートを配った。最初の「いのち」の場面だけを見せてつぎのように問いかけた。

——あなたの「いのち」に色があるとしたら何色ですか。「いのち」の色を色鉛筆で表してください。そしてわけも書いてください

子どもたちは「なにっー」という顔をし、少しとまどった様子だったが、すぐに色鉛筆を取り出して考えはじめた。しばらくすると楽しそうにかきはじめた。かきあらわしていくうちに子どもたちの表情が変化していくのがわかった。そして自分自身の「いのち」の色ができていった。子どもたちに聞いてみた。多くの子どもの手があがった。子どもたちは「いのち」の色を見せながら、

——わたしの考える「いのち」の色は赤い色です。それは楽しく、いつでも笑っていられるようだから

——わたしは黄色です。明るく生き生きしている感じだからその色にしました

――僕はピンク。明るくて元気だという様子を表すような色だったから
――わたしも同じピンクです。暖かい感じを表し、幸せそうだからその色にしました
――僕はオレンジ。人には優しい心があるから
――わたしはみんなと少し違う。「いのち」はひとつの色ではないと思う。人には気持ちというのがあるから、ハッピーなときの赤と悲しい、いやだというときのブルーがあると思う。ふつうのときの気持ちはその真ん中で緑にしました
――僕は、自分が見た色すべてだと思う。人はいろいろ色を見ているのでそれが「いのち」になるんじゃないかな

子どもたちからはたくさんの「いのち」の色が発表されていった。
――それでは、嬉しいときや悲しいときや寂しいときなどではいのちの色はどのような色になるだろう?
子どもたちはいろいろな場面の「いのち」の色をワークシートに表していった。そしてグループで、その色にしたわけを発表しお互いの理解を深めた。子どもたちは質問したりして自分の色と比較したり、同じ色であることの確認をして笑顔になったりしていた。グループでの話し合いはたくさん意見が出てなかなか終わらなかった。その後みんなに、話し合って気がついたことを発表してもらった。
――わたしのグループではうれしいときはほとんどみんな明るい色だった。それに、うれしくなるにつれて色が薄くなっていった
――緊張しているときは頭のなかが真っ白でなにも考えられない。暗い感じの色は自分の心も暗くなっている感じがする
――やってみてわかったことは、それぞれ顔と同じように「いのち」の色も変化する

——付け加えなんだけど、「いのち」の色で人間は自分の気持ちを伝えることができる
——寂しいときって心のなかは空っぽだ。自分の気持ちによってちがうなんてすごいなーと思った

そこでもうひとつ子どもたちに聞いてみた。

——「いのち」の色を表すのに色のちがいがでてきているけど、どうして同じだったりちがいがでてきたりするのだろうか

——それは感じ方がちがうから
——似ているけど同じ人はいないから
——ひとりひとりちがうから
——わたしは個性があるからだと思う
——それに考え方がちがうから

多くの発言が子どもたちからなされた。

振り返りシートに学習の感想を書いてもらった。

——やっぱり「いのち」の色は表現によってちがう。うれしいときはとても明るく、悲しいときは暗い。でも、もしみんな同じ色だったら、考えることも同じで気持ち悪いと思う。でも、うれしいときは明るく悲しいときは暗い色というのはみんな一緒だった。どうしてだろう（ゆみ）
——きょうの「いのち」の勉強「『いのち』の色」というのは振り返ってみて、よく考えたら人それぞれいろいろな個性があり、考えることがちがうから問題が起こったりするんだと思いました（ひろみ）
——きょう勉強したことは「いのち」の色についてです。僕は「いのち」の色は自分が今までみた色すべてだと予想しました。理由は今までみた色が集まってできていると思うからです。もし、これが本当だとしたら人

間は一秒でも死ぬまで「いのち」の色が増え続けることになります（けんすけ）
――「いのち」の色という勉強はとてもおもしろく、みんなとこういうのはそうじゃないんじゃないかとか相談できるからよかったです。みんなとこうやって話し合いたい。あと、自分の気持ちの色のことを少し学んだかなと思う（まい）

授業が終わった後、何人もの子どもたちがやってきて、学習の感想を話しはじめた。その輪が広がり、続いた。ある子はたくさん考えられた。友だちと同じ色でうれしかった。みんなの前で発表できてうれしかった。なぜ色がちがうのか考えているとも話してくれた。語る子どもたちにはそれぞれの思いがあり、話は切れめなく続いた。

子どもたちと学習する前には「いのち」の色を聞いたら多分、赤に集約されるだろうと考えていた。ところが子どもたちの「いのち」の色を見たときすぐにその予想は否定されていった。子どもたちの「いのち」との向き合いはひとつの色としてとらえることにとどまらず多様な内容を秘めていた。その後の話し合いも自分の「いのち」の色を伝えると同時に相手の色の背景を受け入れようとする学習へと展開していった。ひとりひとりが「いのち」の色のちがいを自分の生活や経験と重ねていき、人の個性というところへと発展していった。そのため話し合いも活発で、お互いのちがいを認め、受け止めることができる学習になっていった。

教材名　「作ってみよう『詩』―わたし―」（五年生）　一時間

国語の学習で「詩」を学ぶことは多い。優れた詩に出会ったり、読みとったり、共感したりするのである。また詩を創作する楽しさを学ぶこともある。詩の学習で「いのち」に迫ることができないか考えた結果、創作を通して自分の「いのち」と向き合い、生きていることを表現する取り組みをすることにした。詩の題は「生きている」とした。

図１　ワークシート

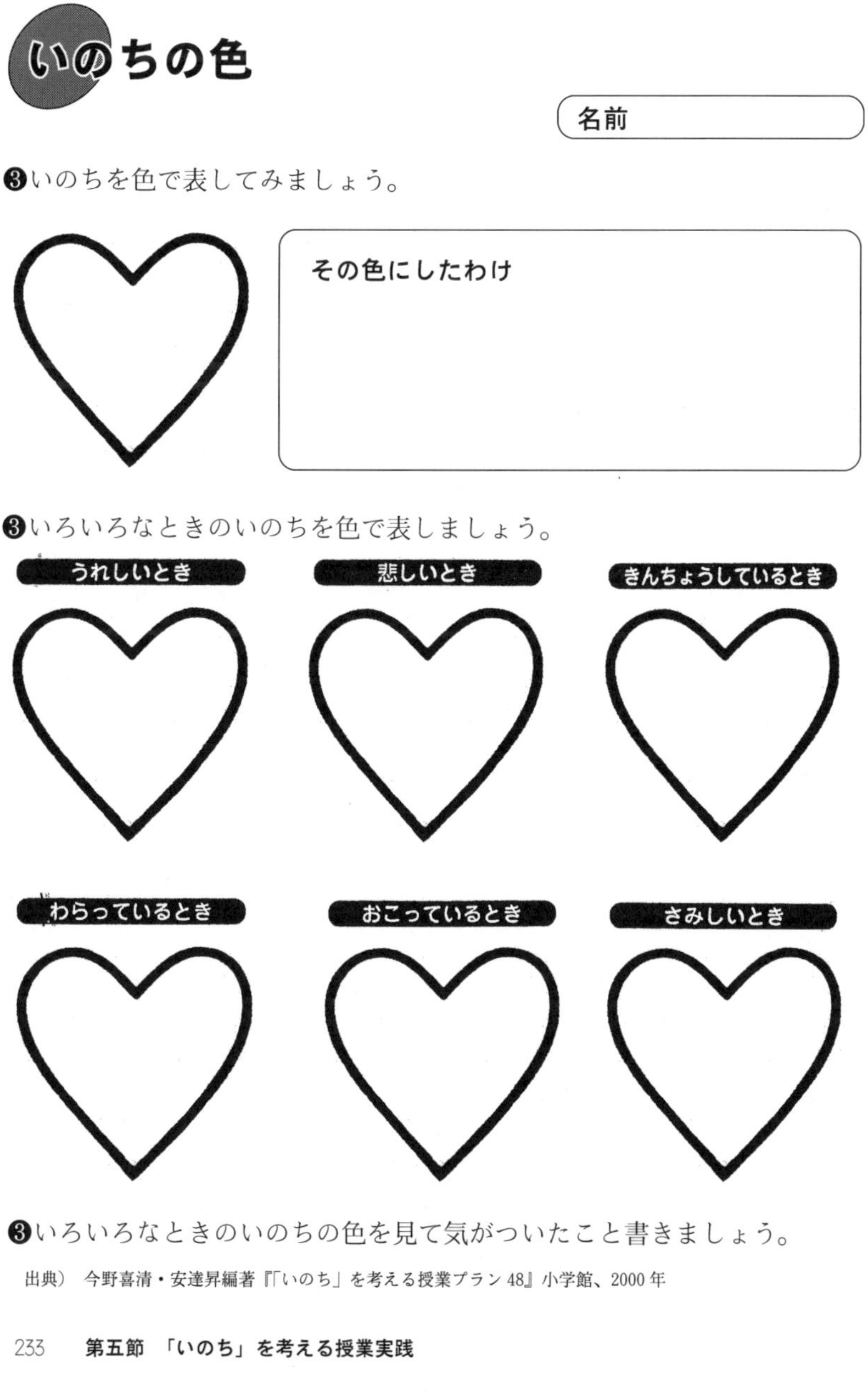

いのちの色

名前

❸いのちを色で表してみましょう。

その色にしたわけ

❸いろいろなときのいのちを色で表しましょう。

うれしいとき

悲しいとき

きんちょうしているとき

わらっているとき

おこっているとき

さみしいとき

❸いろいろなときのいのちの色を見て気がついたこと書きましょう。

出典）　今野喜清・安達昇編著『「いのち」を考える授業プラン 48』小学館、2000 年学習の流れはつぎの通りである。

・ワークシートに「ひとりブレーンストーミング」をする
・数人が発表する
・「わたしは生きている」という言葉を活用して表現する
・ひとりひとりの詩をグループで発表し、認め合う
・振り返りをする

「生きている」をどのように詩で表現したらいいのだろうか。参考にしたのは谷川俊太郎の「生きる」という詩である。繰り返しのおもしろさを生かすことにした。

——生きているなあと思うときはどんなときですか?

と聞いてみた。すると

——おいしいものを食べてお腹がいっぱいになったときかな
——試合で勝ったとき
——ハムスターの赤ちゃんがうまれたときに思った
——熱が下がって楽になったときに思った

等の反応があった。そこで子どもたちに

——「生きている」という題の詩を書いてみませんか?

と呼びかけた。すると予想に反して

——むずかしそう
——難しいよ

――書き方がわからない
と否定的な反応が出てきた。わけを聞くと詩の書き方がわからないようだ。
――大丈夫。誰にでも書けるよ。だってみんな今、生きていることをたくさん出せたじゃないか
――……
――誰でも、すてきな詩が書ける方法を考えてきたから安心してください
そう言ってワークシートを配った。今回は「ひとりブレーンストーミング」という手法を活用することにした。
――「わたしは生きている。それはね」に続くことを思いつくまま、たくさん書いていきましょう
と話した。子どもたちは「なあんだ、そんなことでいいのか」という表情をした。子どもたちは思いついたことを書きはじめた。書いていく数が増えるに従って自分の生きているということに内容が向いていった。
子どもたちに発表してもらった。
――今、書いた「わたしは生きている　それはね」をもとに自分の生きているを詩の形にしていきましょう
子どもたちは自分のワークシートを見ながら内容を構成したり、組み替えたり、追加の言葉を考えながら自分の「生きている」を創りあげていった。

――生きている　　　　　　　　　　じゅんこ

わたしは生きる
わたしは生きることが楽しい
わたしは生きる

図 2　じゅんこの書き出し

❶あなたが「生きている」と感じることをたくさん書き出してみましょう。

わたしは生きている、それは しゃべっているから

わたしは生きている、それは 表情がかわるから

わたしは生きている、それは 心ぞうが鳴っているから。

わたしは生きている、それは 感情があるから

わたしは生きている、それは 考えがあるから

わたしは生きている、それは のうがはたらいているから

❷「わたしは生きている」を使って詩を作りましょう。

わたしは生きる。

わたしは生きることが楽しい。

生きていればよろこびを手に入れることができる。

生きていれば目的を達成できることもある。だけど

時には不幸なこともある。死のうと思う人いる。だけど

私は死を選ぶより幸せを求めて生きるほうがうれしいし楽しい。

だから私は生きる。

出典）　前掲『「いのち」を考える授業プラン 48』小学館，2000 年

生きていればよろこびを手に入れることができる
生きていれば目的を達成できることもある
時には不幸なこともある
死のうと思う人もいる
わたしは死を選ぶより
幸せを求めて生きる
だから
わたしは生きている

生きている

ようすけ

わたしは生きている
それは
笑っているということ
泣いているということ
喜んでいるということ
悲しんでいるということ
怒っているということ
そして

なにも描かれていない白紙に
それぞれの人生を描いていくということ

生きている　　　　　　　　　　　　　　　　まりえ

道を何気なく歩いている時
生きているなあ
ほしいものが手に入った時
生きているなあ
でも
いつ死ぬか分からない
「生きている」
その本当の意味は分からない

生きている　　　　　　　　　　　　　　　　ゆうか

わたしは生きている
それは　何も考えないこと
わたしは生きている

それは　ボーとしていること
わたしは生きている
それは　呼吸をしていること
わたしは生きている
それは　頭がまっ白になっていること
わたしは生きている
それは　あとは何もうかばない
わたしは生きている
それは　全然、頭が働かない
これが
わたしの生きていること

子どもたちの「生きている」は多様であった。

グループで自分の「生きている」を発表していった。作品を朗読していく子どもは楽しそうであり、それを聞いている周りの子どもたちも自分の作品と重ねながら受け止めていた。

子どもたちはこんな感想を書いている。

――自分で詩を書くのは楽しかった。「生きる」ことについてよーく考えることができました（じゅんこ）

――生きているという詩を作る勉強をしました。詩というのは心で書いた言葉と感じました。また国語の時間にやってみたいと思います（まゆこ）

――生きていることはすごいことだと思った（なおと）
――授業参観で詩を作りました。お母さんがみにきてくれて「あんた、こんな詩が書けるの」とおどろいていました（やすひろ）
当日は、授業参観であった。保護者にも子どもたちと一緒に詩を書いてもらった。子どもたちの「生きている」という作品にふれながら自分の「生きている」と比べ、子どもの成長を確認していた。

授業実践をして

開発した教材を使っての「いのち」の授業は楽しいものであった。それは「いのち」の学習が成立することの証明でもあった。
「いのち」の教材には正解がない。これは学習に参加する子どもたちを刺激した。子どもたちは教材を通して「いのち」の学習をした経験がほとんどなく、新鮮な気持ちで学習に取り組むことができた。自分で考えワークシートに書き込み、話し合いに参加するという学習課程は参加・体験的な手法を取り入れたことと相まって、子どもたちの学習意欲を増し、話し合いは活発に続けられていった。学習の過程でひとりひとりが自分を語り、認めあうことのできる事実に子どもたち自身が驚くことも度々であった。わたしも、子どもたちの考えに耳を傾け、ともに考えていくことができた。

終わりにかえて

「いのち」について多面的な教材開発が必要である。まだ始まったばかりの「いのち」の実践であるが、必要性はますます高まるだろう。今回は時間系列で教材開発を試みたが、今後はもっともっと多様な教材開発が必要になってくるだろう。
予想される学習課題としてはつぎのようなものが考えられる。
――いのちが危険
病気、戦争、公害、交通事故、自殺、薬
――いのちを終える
死のとむらいかた、老い　おまじない
――いのちを表現する
詩、絵本、小説、読み聞かせ、読書として
――いのちの仕組み
生命体の仕組み、心の発達、好きになること
――選ばれるいのち
臓器移植、クローン
――いのちと社会
共生、男と女、性の成長、男らしさ女らしさ
「いのち」にかかわる教材開発が進んでいくことができれば「人権科」教育課程の重要な柱となっていくだろう。
（安達　昇）

開発した教材集
今野喜清・安達昇編著『「いのち」を考える授業プラン48』小学館　二〇〇〇年
学級通信／安達昇編著『ぽけっと』私家版　一九九三年

〈執筆者紹介〉

＊今野　喜清（早稲田大学教育学部教授）〔一章一節〕
吉田　和子（岐阜大学教育学部教授）〔一章二節〕
高林　　茂（東海大学附属望星高等学校教諭）〔一章三節〕
石川　治久（早稲田大学教育学部助手）〔一章四節〕
羽田　行男（中野区立児童相談員，
早稲田大学大学院教育学研究科博士課程在学）〔二章一節〕
大野　知代（藍野学院短期大学教授）〔二章二節〕
占部　愼一（京都光華女子大学助教授）〔二章三節〕
古家　正暢（足立区立青井中学校教諭）〔三章一節〕
河村　美穂（都立井草高等学校教諭）〔三章二節〕
鈴木　　徹（文京区立青柳小学校教諭）〔三章三節〕
五島　譲司（早稲田大学大学院教育学研究科博士課程在学）〔三章四節〕
安達　　昇（横浜市立篠原小学校教諭）〔三章五節〕

（執筆順，＊編者）

学校知を組みかえる　〔早稲田教育叢書〕
――新しい“学び”のための授業をめざして

2002年3月31日　第1版第1刷発行

編著者　今野　喜清

編修者　早稲田大学教育総合研究所
〒169-8050　東京都新宿区西早稲田　1-6-1　電　話　03(5286)3838

発行者　田中　千津子
発行所　株式会社　学文社
〒153-0064　東京都目黒区下目黒　3-6-1
電話　03(3715)1501（代）
FAX　03(3715)2012
http//www.gakubunsha.com

印刷所　新製版
乱丁・落丁の場合は本社でお取替えします
定価はカード，売上カードに表示

ISBN4-7620-1133-9